JN273923

資料保存シンポジウム・10

*

アジアをつなぐネットワーク

―保存協力のこれから―

第10回資料保存シンポジウム講演集

*

国立国会図書館　編
日本図書館協会　発行

Networks in Asia:

preservation cooperation hereafter

アジアをつなぐネットワーク:保存協力のこれから : 第10回資料保存シンポジウム講演集／国立国会図書館編. － 東京:日本図書館協会, 2000.10. ―104p ; 21cm. ― (資料保存シンポジウム ; 10). ―ISBN 4-8204-0023-1
　t 1. アジア　オ　ツナグ　ネットワーク　　t 2. シリョウ　ホゾン　シンポジウム
　a 1. コクリツ　コッカイ　トショカン　　s 1. 資料保存
① 014.6

は じ め に

　国立国会図書館が1989年にIFLAの資料保存コア・プログラム(PAC)のアジア地域センターを引き受けて、昨年で満10周年を迎えました。翌1990年に当館ではアジア地域センターの果たすべき役割を具体化し、国内外の長期的な保存プログラムを推進していくために独自の「保存協力プログラム」を策定し、資料保存関連情報の収集と提供、保存問題に関する刊行物の作成と配付、研修生の受け入れ、講師の派遣等による技術援助など様々な活動を行ってきました。1990年から、毎年開催してきた当館主催の「資料保存シンポジウム」もIFLA/PACアジア地域センターの教育・広報活動の一環です。

　今回で10回目を迎えた資料保存シンポジウムは、「アジアをつなぐネットワーク －資料保存のこれから－」をテーマとして、1999年11月8日に開催いたしました。このシンポジウムは、PACアジア地域センター開設10周年を記念し、国内外から資料保存関係者を招聘し、これまでのIFLA/PAC及びアジア地域センターの活動を振り返るとともに、保存活動の重要な課題である保存協力ネットワークについて議論し、「保存協力プログラム」の拡充のみならず、アジアの地域センターとしての当館が今後図書館協力業務の一環として計画している保存関係の調査・研究、研修、交流事業の強化に資する目的を持ったものであります。

　基調講演には、IFLA/PAC国際センター長のマリー＝テレーズ・バーラモフ(Marie-Thérèse Varlamoff)女史をフランス国立図書館から迎え、「国際センターから見た保存協力活動 －地域センターに期待すること－」というテーマで、国際センターの活動とともに、アジア地域センターとしてこれから担うべき役割と更なる協力活動への期待を伺いました。

　また国内の各講師からは、保存協力活動の実践体験のある保存管理者、修復専門家、保存プロジェクトのコンサルタント、と各々の専門的立場から、アジアの蔵書を保存するための文化協力のあり方、世界の資料保存ネットワークの築き方、国際的な保存プロジェクトの課題等について大変熱の入ったお話を伺うことができました。最後にIFLA/PACアジア地域センターである当館の資料保存対策室か

1

ら、国立国会図書館の「保存協力プログラム」に基づく地域センターとしての保存活動と今後の展望についての報告をいたしました。

　この記録集がシンポジウムに参加された皆様はもとより、多くの方々に広く活用され、これからの資料保存活動のお役にたつことを願っています。

　シンポジウム記録の刊行にあたり、各講師をはじめ、ご協力をいただいた方々に深く感謝の意を表する次第です。

2000年8月
国立国会図書館資料保存対策室

目　次

開会挨拶	大滝　則忠　（国立国会図書館収集部長）………………………	5
基調講演	国際センターから見た保存協力活動　－地域センターに期待すること－………………………………………………………………	7
	マリー＝テレーズ・バーラモフ（IFLA/PAC国際センター長，フランス国立図書館）	
講　演	文化協力のススメ　－アジアの蔵書を保存するために－ ……	25
	安江　明夫（国立国会図書館逐次刊行物部長）	
講　演	ひとり一人が築く世界の資料保存ネットワーク ………………	45
	坂本　勇（東京修復保存センター代表）	
講　演	国際的な保存プロジェクトの課題　－インドネシアの事例から－………………………………………………………………	59
	アラン・ファインスタイン（国際交流基金アジアセンター専門調査員）	
講　演	国立国会図書館の『保存協力プログラム』と今後の展望　－IFLA/PACアジア地域センターの活動を中心に－……	81
	米村　隆二（国立国会図書館資料保存対策室長）	
質疑応答	…………………………………………………………………	91
附属資料	IFLA/PACアジア地域センターのこれまでの活動 ……………	95

表紙レイアウト　久芳　正和

開会挨拶

大滝 則忠
(国立国会図書館収集部長)

　本日は、皆様ご多忙中のところ、第10回資料保存シンポジウムに多数の方のご参加をいただきましたこと、厚く御礼申し上げます。

　国立国会図書館はこれまで、資料保存に関するさまざまな活動に取り組んでまいりました。その大きな柱が国際図書館連盟（IFLA）が推進するコア・プログラム PAC（Preservation and Conservation）のアジア地域センターとしての活動であります。この地域センターをお引き受けしましたのは1989年（平成元年）であり、今年は満10年の節目の年を迎えているところです。

　当館は、このセンターをお引き受けすると同時に、取り組むべき「保存協力プログラム」を策定し、資料保存に関する情報提供と技術援助を通じて、国の内外の図書館における保存活動の促進等に努めてまいりました。その一環がこの資料保存シンポジウムの企画であります。シンポジウムは、その時々に適したテーマを選んで開催し、その成果を日本図書館協会から記録集として出版してまいりました。

　本日の記念すべき第10回シンポジウムのテーマは、ご案内のとおり「アジアをつなぐネットワーク　－保存協力のこれから－」といたしました。これは、10年の節目において、IFLA/PACアジア地域センターとしての活動を振り返るとともに、アジア地域で実際に保存協力活動に携わっておられる方々のお話を直にお聞きし、今後の「保存協力プログラム」の拡充を目指していきたいという趣旨によるものであります。

　本日は、フランス国立図書館からIFLA/PAC国際センター長のマリー＝テレーズ・バーラモフさんをお招きし、基調講演をお願いいたしました。国際センターから見た保存協力活動と、わたしたち地域センターに対して何を期待しているか

についてお話を伺いたいと思っております。

　また、国の内外のひろがりで実践的な保存活動に携わっておられる3人の方、東京修復保存センターの坂本勇さん、国際交流基金アジアセンターのアラン・ファインスタインさん、当館の安江明夫さんの皆様にご報告をお願いいたしました。さらに当館資料保存対策室の米村隆二室長から今後の展望についてもお話させていただきます。

　来るべき21世紀に向かって、アジア地域における保存協力活動のネットワークづくりの更なる前進のために、本日のシンポジウムが実り多いものになることを期待しているところです。併せてこの機会に、IFLA/PACアジア地域センターとしての活動をはじめとして、今後とも保存協力活動を積極的に展開していくという当館の取り組みにご理解を賜り、引き続きご支援ご協力のほどをお願い申し上げまして、開会のご挨拶といたします。どうもありがとうございました。

【基調講演】
国際センターからみた保存協力活動
― 地域センターに期待すること ―

*
マリー゠テレーズ・バーラモフ
(Marie-Thérèse Varlamoff)

(IFLA/PAC 国際センター長, フランス国立図書館)

　PAC アジア地域センター10周年という、この記念すべきシンポジウムにご招待いただきまして大変光栄に思います。国立国会図書館に対しては、このような機会を与えてくださったことに、感謝申し上げます。

　10年という歳月は、考え方によっては非常に長い年月です。資料保存協力活動に従事する方々による、継続的かつ効果的な取り組みを振り返れば、それは非常に長い時間であったと思われます。一方、国立国会図書館（NDL）の偉大な歴史に比べれば、PACの歩みはまだ始まったばかりとも言えるでしょう。本日、アジア地域における資料保存協力活動のネットワークについて、学び、話し合うためにお集まりいただいた皆様は、PACとは何であるかを既にご存知のことと思います。しかしながら、まずは、PACとは何か、ということに遡り、お話しさせていただきます。

1.PACの機構とネットワーク

　IFLA/PAC（国際図書館連盟/資料保存コア・プログラム）が正式に発足したのは、1984年にナイロビにおいて開催されたIFLAの会合においてです。会合のテーマは、図書館資料の保存及びそのための国際的な協力体制についてでした。

しかし、PACが実際に動き始めたのは、1986年、ウィーンで開催された国立図書館長会議、IFLAとユネスコ共催による、図書館資料の保存に関する会議からです。

　PACの中心拠点となる国際センターは、当初、ワシントンD.C.の米国議会図書館が担当しましたが、その後、1992年にフランス国立図書館に移され、ジャン＝マリー・アルヌー氏がセンター長を務めました。皆様の中にも、1992年に来日した彼にお会いになった方がいらっしゃるのではないでしょうか。アルヌー氏は1994年に図書館をお辞めになり、その後を私が引き継ぎました。

　他のIFLAのコア・プログラムに比べ、PACは当初から、次に述べるように各地域センターの活動が重視されてきました。プログラム全体の方針を決める国際センターは、各地域活動をコーディネートし、また、資料保存に関心を持つ様々な機関に保存協力を啓蒙していくのです。現在世界各地に置かれている地域センターには次の6カ所があります。

・アメリカ合衆国及びカナダを担当する米国議会図書館
・ラテン・アメリカ及びカリブ諸国を担当するベネズエラ国立図書館
・アジア地域を担当する日本の国立国会図書館
・アジア、オセアニア地域を担当するオーストラリア国立図書館

・西欧、中東及びアフリカ諸国を担当するフランス国立図書館
・東欧、ロシア及びCIS諸国を担当するモスクワのロシア外国文献図書館

2.PACの目標

　各地域センターには、ひとつの大きな目標のもとに、地域独自の活動を行う責任があります。その目標とは、出版物であるか否かを問わずあらゆる形態の図書館・文書館資料を、できるだけ長く、利用可能な状態で保存していくことです。専門家たちは長期間、保存することは困難であると考えて、保存することより、修復することに関心を向けてきました。

　すでに申し上げたように、国際センターと6つの地域センターとはネットワークで結ばれており、主な活動のルールは国際センターと各地域センターの間の協定により定められています。各地域センターは、地域独自のニーズに応じて活動しています。それでもやはり、各地域の活動は、特別な活動（出版物、セミナー、会議、インターンシップ等）を通じて他のセンターとの協力関係を維持するという、PACコア・プログラムの中期プログラムに明記された目標を果たさなければなりません。各センター長は定期的に会合を開き、目標の達成度やプログラム全般について話し合っています。この会合は、たいてい、IFLA年次大会にあわせて開催されます。1992年には、国立国会図書館が、各地域センター長を東京に招聘してくださいました。

　国際センターは資料保存に関する教育や研修のための活動の取りまとめ、教材づくり、関連情報の収集・提供などを行っています。特筆すべきは *International Preservation News* (IPN) の刊行を担当していることです。このニューズレターは年3回フランス語とスペイン語の要約を付して英語版が刊行され、各地域センターから広く配布されています。このIPNを補完する、資料保存に関する情報提供のための新しいシリーズ、*International Preservation Issues* (IPI) も、昨年刊行されました。No.1は「IFLA図書館資料の保護と取扱いの原則」が、No.2は「資料のデジタル化と保存に関するIFLA・ユネスコ共同調査報告」が掲載されて

います。

　PACプログラムの第一の目標は、私がすでに申し上げたように、すべての重要な図書館資料を保存し、利用可能な状態に保っていくことです。そのためになすべきことは、各種専門家、政府関係者、図書館職員や利用者などに、資料保存が不可欠であるという意識を高めることでしょう。

　啓蒙の仕方には次のような方法があります。

- ニューズレター、小冊子、リーフレット、ビデオ、ポスターなどの出版や関連記事の編集
- 展示会等の開催
- プレス・キャンペーン、セミナー、各種会議等の企画
- インターネットによる情報提供

　資料保存について、人々の関心を高めることは、情報を広く周知させ、PACの各地域センター間の協力関係を育てることにつながります。それは、IFLAのその他諸機関、関連団体やNGO、資料保存に関心を持つその他の専門家などについても同様のことがいえるでしょう。

　教育や研修もPACの重要な活動です。私たちは、情報を周知させるべき相手の立場：図書館職員や利用者、管理者などをはっきりさせ、それぞれの相手に応じた情報を伝えていく必要があります。情報周知のための協力相手や可能な手段を見極め、それが足りないと思えば育てていくことも必要です。研修についていえば、習熟度により研修生のレベルを分け、レベルに応じた研修を行う努力をすべきです。効率的に考えるなら、研修生は講師にもなりうるのだということを忘れてはいけません。

　私たちはまた、あらゆる形式の図書館資料の劣化原因、及び、劣化予防や修復に応用可能な技術に関する調査を検討、奨励していく必要があります。

　このことは、図書館資料の生産と扱い方に関する法律やガイドラインといった国内外の基準の策定、奨励、実施が前提となります。私はここに、それぞれに特異性があり、また、共通する問題も持つような、さまざまな資料の保存技術の状態を推定するための調査を始める必要性をしばしば感じていることを主張したい

と思います。

　これまでに述べてきた全ての活動：関心を高めること、情報を周知させること、協力関係を築くこと、教育や研修を行うこと、調査を奨励すること、調査を始めること、に共通するのは、資料という遺産を保存するというひとつの目的です。しかし、私たちは、保存は予防から始まるということ、及び、資料の保存や修復を大規模に効果的に行うのはコストがかかりすぎる、ということに注意しなければなりません。

3.主要な活動

　フランス語では「治療より予防を」という言葉があります。この言い回しがまさに真実であると私は思っています。ここまで、PACという組織の役割や使命を概観しようと試みてきました。これから、この数年の間に達成されてきたもっとも重要な活動をいくつかご紹介したいと思います。そのような活動を網羅的に並べ立てるのではなく、ある特定の地域センターの協力によるもの、または、より拡大された協調体制によって行われたもの、それぞれに当てはまる活動を二つ、三つ、ご紹介します。

(1)出版物

　出版の分野において、各地域センターは *International Preservation News* (IPN) の作成に参加しています。No.9（1995年）は東京のセンター（NDL）が、No.12（1996年）はカラカスのセンター（ベネズエラ国立図書館）が参加しました。

　また、現在はCD-ROMの需要が非常に多いことは周知の事実です。ユネスコの「世界の記憶」プログラムの一環として、PACが準備している資料保存活動を紹介するCD-ROMの作成のために、各地域センターや多くの資料保存関係団体が、努力を惜しまず写真やスライド等の情報提供に努めています。1999年末までに、図書館資料の破損状態を図解する写真約500枚を収録したCD-ROMが刊行

される予定です。CD-ROM に関しては、昨年刊行された、ラテン・アメリカ及びカリブ諸国の 19 世紀の写真を紹介するものについて少し申し上げたいと思います。

19 世紀後半から 20 世紀初頭にかけて、写真家や芸術家、作家たちは各地を旅行し、まだ見ぬ新大陸の発見や、そこへたどり着くまでの冒険について、共通の関心を持っていました。彼らは、科学の進歩により写真技術が豊かになった、まさにその時期に作られたデータを、科学的に記録しました。彼らが信頼しうる証拠を残して置いてくれたおかげで、世界の歴史が消えずにすんだのです。

19 世紀のラテン・アメリカの写真術は、写真を保存し、また写真そのものの定義や位置づけを確立するという、系統だった活動のおかげで、その重要性がますます評価されてきていました。これらのことが、19 世紀末から 20 世紀初頭にかけてのラテン・アメリカ及びカリブ諸国の写真を用いた CD-ROM の作成というアイディアを生んだのです。ユネスコに対し、この遺産を「世界の記憶」プログラムに組み入れ、CD-ROM を作成したいという提案がなされました。そして、ラテン・アメリカ及びカリブ諸国担当の IFLA/PAC 地域センターであるベネズエラ図書館に、その調整役が割り当てられたのです。プロジェクトの主な内容は、3000 枚分にも及ぶ、19 世紀末から 20 世紀初頭にかけてのラテン・アメリカ及びカリブ諸国の写真データを組織化し、デジタル化することでした。その目的は、写真家やその業績、現像技術を理解し、その結果として、国際レベルでのそれらの写真へのアクセスを容易にすることでした。

CD-ROM はメキシコのコリマー大学の経験に頼り、1000 部作成しました。

その CD-ROM には、その地域の発展、共和国の建設、産業化及び都市化、民族や慣習について、学術的内容を含んだ紹介が盛り込まれています。そして、写真やタイトル、国、キーワードなど、様々な見出しで情報を検索することができます。

「IFLA 図書館資料の保護と取扱いの原則」という 1998 年 8 月の刊行物についてはすでに言及しました。この刊行物は CLIR (Council on Library and Information Resources: 図書館・情報資源振興財団) の協力のもと、最初は英

語で刊行され、その後、ロシア語やポーランド語に翻訳されています。今年の終わりまでにフランス語の翻訳が出ることになっていますし、他にも次に挙げる言語：スペイン語、ポルトガル語、日本語、ギリシャ語、スロバニア語、アラビア語、マレーシア語、に翻訳されることになっています。

「資料のデジタル化と保存に関するIFLA・ユネスコ共同調査報告」（IPI No. 2）についても、まず最初に英語で刊行され、それをフランス語及びスペイン語に翻訳する予定です。情報を翻訳することに関しては、いくつかの地域センターにとって重大な問題であることを、後ほど述べたいと思います。

(2)パーマネントペーパー

もうひとつの重要な活動はパーマネントペーパー(注)に関するものです。東京のPAC地域センターは、新刊資料のpH調査を行い、定期的に中性紙使用について評価するなど、この分野において非常に熱心に活動しています。

紙の保存に関する欧州会議は1997年3月、オランダのハーグで王立図書館により結成されました。それ以前には1996年10月、オタワで、カナダ国立図書館の主導のもとに専門家会合が開かれたことがあります。様々な国の様々な提案の結果、1997年11月、ユネスコの総会において、パーマネントペーパー使用に関する決議が採択されました。その決議は、ユネスコ加盟国に対し、法律や規則、奨励、実例を示すなどによって、パーマネントペーパーの使用を促進すること、及び、各地域のパーマネントペーパー使用出版物は、それと判別できるように表示することを提唱しています。また、ユネスコの事務総長に対しては、ユネスコの出版物や資料はパーマネントペーパーを使用すること、及び、その旨判別できるよう表示すること、また、ユネスコが収集したデータを用いて、パーマネントペーパーの世界的な使用状況に関する統計調査を行うことを求めています。

最終的に上記の決議が採択されたのですが、残念なことには、これまでに目に見えるかたちでの効果は出ていないようです。ISO（国際標準化機構） 9706 1994、またはANSI(情報科学に関する米国国家規格)/N.I.S.O. Z 3948-1992などにもかかわらず、カナダが独自の標準を作成しようと試みているという話もあ

るようです。

　ドイツの全国書誌では、パーマネントペーパー使用の本について、パーマネント使用のマークを付けることになっています。私たちは、IFLAコア・プログラムのUBCIM（国際書誌コントロール国際MARC）で、パーマネントペーパー使用の資料をどのように書誌記述するかについて研究しています。このことは、将来、パーマネントペーパー使用についての調査を行いやすくするとともに、脱酸処理を要する本の選別にも役立つでしょう。

(3)標準化

　標準化のための努力は、パリの地域センターに支えらています。それは2つのワーキンググループによるもので、一方は展示資料の保存に関するフランスの基準を作成するために、もう一方は図書館や文書館における資料の物理的な状態を統計的に評価する方法論を検討するために設けられています。

　私たちは、まずこれらの標準化がフランス規格協会に承認されれば、ISOにより国際的な使用も認められる可能性があると思っています。

　その他、重要な活動としては、各種国際会議やアフリカにおいて開催されたワークショップ、ユネスコによる「世界の記憶」プログラムやブルーシールド国際委員会のような国際的活動との関わりを挙げることができます。

(4)会議

　近年、PACは、非常に積極的に国際会議の開催を呼びかけ、参加してきました。1998年4月には、PACの呼びかけのもと、ハーグ(オランダ)の王立図書館で、IFLA/PACと、王立図書館、ECPA（保存とアクセスに関するヨーロッパ委員会）の共同開催で、保存対策会議が開かれました。

　文書館や図書館がそれぞれのコレクションの長期にわたる利用を保証するためには、保存政策をコレクション管理の原則と調和したものに改善していかなければいけないという認識が、近年高まってきました。酸化と劣化によってゆっくりと塵になっていくような19世紀から20世紀の質の悪い紙だけではなく、ときと

して紙よりももろい材質であるフィルムや磁気テープ、ディスクも含めて、情報媒体の劣化のために蓄積された知識が利用できなくなっています。情報媒体の腐食は、ここ数十年の利用や、不適切な保管状態によって、急速に進んでいます。加えて、ハード、ソフトウェアの旧式のフォーマットは、最近のメディアに蓄積された情報の利用を妨げています。

このようなコレクションを脅かしている危惧への対応手段は、伝統的な原資料の保存から、予防手段と置換プログラムに移行してきています。保存は、保管と取扱いから、マイクロフィルム化、デジタル化まで、いまや広い範囲の活動になっています。資料の状態や、利用者の要求、コスト、その機関の業務や目的に応じた適切な手段を用いる保存政策を決定し、これらの政策の実行計画のためのプログラムを開発しようと、図書館や文書館は努力しています。

知的遺産の長期利用の保障のための活動を続けるなかで、被害の査定、優先事項の計画と整備、選択、譲歩、災害対策、スタッフと利用者の研修、資金調達といった仕事を含む保存管理が、最重要課題になってきました。しかし、保存管理についての慣例的な研修はまだありません。それはまだ始まったばかりで、試行錯誤の状態なのです。保存活動に従事する専門家たちの専門的意見や経験の交換は不可欠です。40カ国から130名以上の参加者があった保存対策会議は、大成功を収めました。

最近では、PACは、タイのバンコクのIFLA大会中、コンカンで開催されたサテライト会議の開催に参画しました。口承伝統の保存に関するこの会議には、6大陸を代表する36カ国から68名が参加し、ユネスコの「世界の記憶」プログラムとして開催されました。その発表では、技術的問題に加えて、社会文化的背景、コレクション方法論、選択基準、取り扱い方法、保管、保護の問題を含む、口承遺産の収集と保護の様々な課題を取り上げました。この会議には、世界の閉ざされた地域や、消滅しつつあるエスニックグループからも、多くの参加者がありましたが、そのようなグループを消滅させないためにも、口承伝統の保存は不可欠で、そのためにもこの会議は有意義でした。

現在、私たちは、IFLAの保存保護部会、逐次刊行物部会、新聞ラウンドテーブルと共同で、逐次刊行物と新聞の保存管理に関するシンポジウムを開催しようとしています。そのシンポジウムは、パリのフランス国立図書館が幹事をつとめ、エルサレムのIFLA会議の後すぐ、2000年8月に開かれる予定です。

　1989年、LC（米国議会図書館）によって開催された最初のシンポジウムから11年、IFLA/PACは、1989年からの変化に対応して、主として保存政策、修復、資金問題、電子化、分担保存などについて、このプログラムの現在の優先事項とみなされるすべての課題について、討議したいと思っています。

(5)ユネスコとの協力

　ユネスコとIFLAは、保存のために長い間活動してきました。ユネスコの「世界の記憶」プログラムは、世界の危機に瀕している文書遺産を保護し、誰もがそれを利用できるようにし、それらの重要性と保護することの必要性の認識をうながすことを目的としています。そのプログラムは、重要な4つの目的を挙げています。

- もっとも適切な技術によって、世界の文書遺産の保存を促進すること
- 差別されることなくどの利用者もそれを利用できること
- 世界規模の注意を喚起すること
- 可能な限り公に、そのプログラムと成果を紹介すること

　ごく初期から、PACはそのプロジェクトに関わってきました。IFLA/PACに加入しているすべての図書館に送られた保存状態に関するアンケートを基に、オーストラリアPACセンターの前センター長、ジャン・ライアル氏によってガイドラインが作られました。それによって、私たちは世界中の図書館の資料とその保存状態について、より正確なデータを得ることができました。

　国際顧問委員会は、ユネスコの事務総長によって指名され、4つの会議が開催されました（1993年ポーランド、1995年5月パリ、1997年10月タシュケント、

1999年6月ウィーン)。各国の「世界の記憶」委員会の設立は大きな成果でした。顧問委員会は、「世界の記憶」登録への推薦事項の選択基準を決定し、承認しました。

プラハの国立図書館では、5世紀から13世紀初頭までの、ロシアとその周辺地域の歴史を再現しています。蔵書中の貴重書の一部や、サンクトペテルスブルグのロシア科学アカデミーからのラジヴィル年代記、600枚以上のカラーの挿し絵のあるロシア語の古文書を掲載したCD-ROMが制作されました。デジタル化作業としては、このような試験的プロジェクトがいくつか行われてきました。

IFLAやICA(国際文書館評議会)、その他の専門的団体は、次のようなデータベースを協力して作成してきました。これらは常に更新されています。
・「失われた記憶」と呼ばれる、修復できないほどの破損を被っている、1900年からの図書館コレクションと文書館資料の目録
・文書遺産を保護するために処置が行われているものの目録
・危機に瀕している図書館資料と文書館資料の世界規模のリスト

ユネスコとの協力は、様々な活動のかたちをとってきました。先に述べましたラテン・アメリカの写真のCD-ROMに続いて、今年中には、文書遺産を脅かす常習的ダメージを予防するための保存活動に関する、もう一つのCD-ROMが制作されます。この仕事の基礎は、「世界の記憶」プログラムの技術委員会によって編纂された、『文書遺産の保護:A Guide to Standard, Recommended Practices and Reference Literature Related to the Preservation of Documents of All Kinds』というパンフレットにあります。

このCD-ROMは、図書館や公文書館のコレクションの劣化原因と、それらを防止するために取るべき手段についてのテキストも含んでいます。世界中の関係者によって集められた500枚以上の写真が、そのCD-ROMに掲載されました。また、それのハイパーテキストのリンクによって、保存に関する情報を載せたイン

ターネットのサイトを、広く検索することができます。そのCD-ROMはまた、注釈付き文献目録や用語集、発行及び未発行情報をも含んでいます。

　このCD-ROMは英語とフランス語が併記される予定です。とくに図書館学を学ぶ学生や、要望があれば保存の専門家や関係者に、無料で2000部配布する予定です。

　「世界の記憶」プログラムの、もうひとつの重要なプロジェクトは、他のIFLAコア・プログラムであるUAP(出版物の世界的入手利用)と共同で、PACが着手してきた、デジタル化コレクションの世界規模の調査です。両プログラムは、世界規模のデジタル化コレクションによる「バーチャル・ライブラリー」を建設するために、主要な文化団体がすすめているデジタル化プログラムの調査を行ってきました。いま、多くの国立図書館やその他の機関が、それぞれの主要な文化的コレクションの一部、ないしはすべてのデジタル化に理解を示して、計画を進めています。それはまさに「世界図書館」のようですが、しかし、デジタル化された図書館コレクションの包括的な世界規模の目録は、まだ存在していません。結果として、私たちのプロジェクトは、世界的に見てもその国の文化財をデジタル化したコレクションを鑑定し、世界的に重要な「世界の記憶」に登録されるにふさわしいコレクションを鑑定する試みとなっています。文書類とコレクションの保存と、それらの利用方法の改良という、「世界の記憶」の二つの目的と、進行中の二つのIFLAコア・プログラムの目的は、完全に一致しています。

　この調査により、ユネスコのウェブサイト上で、データベースになっているデジタル化文書の目録に、簡単に無料でアクセスできるようになるでしょう。このデータベースは、検索可能なすべてのコレクションのリストと、ユーザーが直接デジタル化コレクションのウェブサイトにいけるようなリンクから成っています。各コレクションの内容に関する詳細な情報が、そのコレクションのウェブサイトからわかるので、ひとつひとつのコレクションの個々のアイテムについては、記述しなくてもすむでしょう。また、資料のデジタル化を取り巻く保存問題についての情報が、集められるでしょう。デジタル保存はおそらく、電子図書館に関す

る研究の中でも、もっとも見過ごされてきた分野の一つであり、その知識の欠如により、すでに膨大なデータが失われたといえるからです。

(5) JICPA(Joint IFLA/ICA Committee on Preservation in Africa)

アフリカでの活動に言及しないでは、PACの活動の説明を十分に説明することはできません。1996年、JICPAが、アフリカの図書館や文書館の資料の保存と保護を一手に引き受けるために設立されました。フランス語、英語、ポルトガル語、アラビア語を話す関係者のために、ダカール、ケープタウン、ハラレ、ケープベルド、チュニスで、いくつかのワークショップが開催され、成功しました。ユネスコ、CLIR、BIEF(Banque Internationale d'Information sur les Etats Francophones)、DANIDAなど、様々な機関から、資金援助がありました。

1998年3月には、アフリカで行われている、保存と保護のカリキュラムを改良するために、アフリカの図書館文書館学校の専門家による会議が、ケニヤのナイロビで開かれました。最終的には、カリキュラムの重点は予防的な保護に向けられました。この会議では、学生に期待される事として以下のようなことがらが挙げられました。

・文書遺産の価値を評価する
・文書資料の材質を理解する
・劣化の原因を鑑定する
・異なるメディアの保管や取扱い、保存の適切な方法を知る
・異なるメディアの保護技術、リフォーム、修復、維持に精通する
・それぞれの機関における保護の必要なものを鑑定し、適切な保存プログラムの計画を立てる

JICPAは幸先よいスタートをきりました。保存問題とその必要に多くの関心をあつめ、注意を喚起しました。しかし、もし、今後あらたな支援がなければ、それらすべての努力が無駄になってしまう危険があります。途上国にとって、予算不足は、常に問題になっており、プロジェクト自体を不安定なものにしています。

世界遺産にふさわしい彼らの文書遺産を可能な限りよい状態で守る手助けをするのは、先進国の義務だと思います。

(7) ICBS(International Committee of the Blue Shield)
　最後にお話するPACの活動は、決して、重要でないわけではありません。それは、戦争や自然災害にあった文書や文化遺産の保護と保存に関することです。ブルーシールドについては、既に耳にしている方がいらっしゃるかもしれません。具体的に申しますと、ブルーシールドとは、戦時下において文化遺産の保護のため、1954年に開かれたハーグ会議の紋章なのです。その紋章は特別な保護を必要としていた建築物に付けられました。ブルーシールド国際委員会は、ICA、ICOM(国際博物館会議)、ICOMOS(国際記念物遺跡会議)、IFLAという4つの非政府組織によって、1996年に設立されました。ICBSの使命は、非常事態において、情報を収集・発信し、活動を調整することです。4団体は、文化遺産を脅かす戦争や自然災害のときに、協力して、専門知識を持った権威や専門家たちや、ネットワークを供給しています。また、国際レベルでの危機管理を組織し、それを地域レベルに推し進めるという仕事もしています。
　ICBSのパートナーとして、PACは、1954年のハーグ協定の改定のため、いくつかのユネスコ会議（パリ、ウィーン、ハーグ）に出席し、IFLAを代表してきました。私も、アフガニスタンで危険にさらされている文化遺産についてのセミナーを主催しました。昨年9月にはパリで、危機的状態にある文化遺産についての国際会議を、ユネスコ文化遺産部の野口英雄氏と一緒に開催しました。1997年に神戸と京都で開催された「災害から文化財を守る」国際シンポジウムの後を受けてのものです。
　1年後、スロベニアのマリボー国際文書館科学協会と、マリボー地域文書館とともに、ICBSは、ユネスコの支援を得て、セミナーを開催しました。スロベニアのラデンシで開かれたそのセミナーには、10カ国(ベルギー、ボスニア・ヘルツェゴビナ、クロアチア、フランス、ハンガリー、オランダ、ポーランド、スロベニア、スウェーデン)から、31名の参加がありました。そのセミナーを通して、

保護手段をとる必要と、軍隊や民間防衛隊も含めた、対応や修復のための異なる機関の強固な協力の必要が強調されました。

「軍隊の必要性」や「特別保護」のような、ハーグ協定の一部の見解について話し合われ、参加者はそれぞれに、ブルーシールドの業績に高い評価を下しました。セミナーの最後には、参加者によって、文化遺産保護の宣言が採択されました。セミナーの参加者は、ラデンシの宣言を採択し、それぞれの国と団体に帰ってそれを広く知らせ、その理念を実行するためにできる限り努力し、さらに、戦時下でおこなわれた、1954年の文化財保護のためのハーグ協定や、ユネスコの名のもと採択された、文化遺産の保護、保存、奨励のためのその他の国際会議に関心を向けるために必要な努力をすることを決議しました。

この非常に重要なラデンシ宣言の全文は、*International Preservation News* No.18（1999年3月）で見ることができます。

カラカスでの保存研修や、オーストラリアの長期研修、ロシアやCISでの研修やセミナーなど、言及すべき多くの活動が、ほとんどのPAC地域センターによって行われています。もちろん、私たちが第10回記念を祝っている、ここ、国立国会図書館で開催されている、毎年の資料保存シンポジウムも忘れてはなりません。

4. 展望

そろそろ、時間が参りましたので、様々なPAC地域センター間、および国際PACセンターと各地域のPACセンター間の、より大きな献身とより多大な協力のために、いくつか提案をして、結びの言葉にしたいと思います。

もちろん、それぞれのセンターは独立していて、それぞれの地理的環境の中で、その風土や文化や経済状況に根差した特徴を持っています。私が申し上げたいのは、今以上の資金投資の必要性ではなく、保存に関するすべての面における協力体制の必要性です。日本は強く影響力のある国とみなされています。ぜひ、保存問題のリーダー、途上国に対する模範、そして援助者であり続けてください。

国立国会図書館は、パーマネントペーパーの利用を推奨し続け、それを模範として示していってください。

多くの様々な翻訳をして、十分な情報を提供し、その利用を拡大するように、努力をしなければなりません。アジアのすべての人が、日本語や英語を話し、読み、理解しているわけではないからです。異なる言語で書かれている専門的な文献を読みたいという強い要望があることを、考慮しなければなりません。

IPNには、地域センターの関係者から、非常に多くの論文が寄せられています。しかし、自発的に送ってくるわけではありません。地域センターが、彼らの重要な要求と急務に関わる、もっと多くの課題を提案すべきです。そうすれば、IPNはより活性化するでしょう。例えば、東京の地域センターとキャンベラの地域センターが共同で、アジアとオセアニアに特有の保存問題をIPNの特集とすることもできるはずです。

東京地域センターとキャンベラの地域センターの両センター間で、もっと協力体制を築くべきです。危機管理をしたり、パーマネントペーパーの利用を拡大したり、極端な気候条件や長年の保存状態の悪さのために、いくつかの国で非常に危険な状態にあるパームリーフ文書を修復したりする業務に、集中する必要があるからです。

ブルーシールドや国際委員会に言及した時、私は、近年自然災害による大きな被害を被ってきた日本について考えました。地震や津波は継続的で日常的な危険であり、その種の災害にある程度備えておけるのですから、新しく来るべき災害に備えて、文書館や美術館、遺跡、消防団、自衛隊、政府と新しい連携を作って、可能な限りの、適切な処置でもって、被害を防止し、監視し、食い止めることが、最重要課題といえます。

私の最後の提案は、実際的な提案です。それは、国立国会図書館とフランス国立図書館、両図書館についてです。私たちは、双方とも優れた保存技術を持っています。また、私たちのそれぞれのコレクションには、互いの文化に関わる資料もあります。パリには、日本の重要なコレクションがありますし、日本にも、貴重な西洋の写本等があるはずです。私たちの持てる知識を交換し、フランスと日

本の保存技術を交換しない手はありません。私たちは日本から、非常に多くのことを学ばなければならないでしょう。しかしまた、私たちも、古い西洋の資料を、保存し修復し装丁することについて、少しはお役に立てると思います。もし、賛同していただけるなら、できるだけ速やかに業務交流を進めて、互いに発展していくことを願っています。

　御静聴ありがとうございました。

(注)　パーマネントペーパー　中性紙の中でもｐＨ7.5〜10.0のアルカリ性で、酸化を防ぐためのアルカリ物質を2％以上含むなど一定の水準に達している耐久性の優れた紙。

【講演】

文化協力のススメ
― アジアの蔵書を保存するために ―

＊

安江 明夫
（国立国会図書館逐次刊行物部長）

　紹介にもございましたが、国立国会図書館資料保存課長を1989年から92年にかけての2年半勤めました。その前後にインドネシア国立図書館の保存計画支援のため、3度、ジャカルタを訪問しています。1度目はトヨタ財団からの依頼によるものでフォード財団を核とする資料保存国際評価チームの一員としての仕事、2度目はジャカルタで開催された東南アジア図書館人会議の折の保存担当職員との交流、3度目は国際交流基金からの依頼による保存計画の理論と実践のワークショップ担当のためです。同時に、この間、アジアからの保存技術職員の受入、外国への資料保存課員の派遣に関与いたしました。また、マレーシアと中国は訪問の機会があり、それぞれの国の図書館、文書館の方々と交流できました。それから間接的となりますが、アジアへ出張した専門家諸氏の帰朝報告、アジアの人たちの現状報告をたびたび聞かせてもらっています。

　以上が私のアジアとの関わりの概略で、個人的な経験は極めて狭いものです。本日は、これまで考えてきたことを整理してお話しますが、そうした限定的な経験に基づくものであること、それだけに独断と偏見を交えての話となることをご承知いただきたいと思います。

1．はじめに－「日本の資料保存の15年」

　アジア諸国の図書館、文書館資料を保存するために私たちができることは何か、をお話いたしますが、このテーマと日本における最近の資料保存の歩みとの関連を最初に押さえておきます。

1.1　新しい蔵書保存の概念の確立

　「日本の資料保存の15年」としましたが、これは日本で1980年代半ばに酸性紙問題への取組みが開始されてからのおおよその15年の意味です。ご存知の方が多いと思いますが、この15年の間に次のような資料保存の進展が我が国に見られました。
1．和紙が洋紙に変わって以来使用されてきた酸性紙による出版が、ほぼ完全に中性紙に転換しました。これは将来の資料保存に明るい展望をもたらす重要な変化でした。
2．ちょうどこの15年を要して、酸性紙の劣化を抑止する大量脱酸の技術が、研究の段階から開発の段階へ、そして事業化の段階へと進んできました。昨年からは、この大量脱酸処理のサービスを図書館、文書館が利用できるようになっています。これは朗報です。
3．資料マイクロ化の進展も見られました。資料保存のためのマイクロ化は1950年代から徐々に発展してきた技術ですが、この15年の間に酸性紙問題への危機意識も加わり、幾つもの図書館、文書館で大規模なマイクロ化事業が実施されています。これも原資料の保存とアクセスの拡大に寄与する見逃せない進展です。
4．ミクロの保管環境を整備する中性ボード・保存容器にも言及せねばなりません。資料を箱や櫃に収納することは伝統的な保存方法です。しかし、酸性紙問題に直面し、新しい思想のもとに開発された中性紙の保存箱や保存封筒を用いて資料を保管する実践が進んできています。この10年近くで200万箱を超える保存箱が日本で作成されています。それだけの数量の貴重な資料・書

物に良好な環境が用意されたのですから、これも重要な前進です。

上記の4点は幾多の進展のなかで、特に顕著な事例です。しかし、これらと並ぶあるいはそれ以上に重要な変化を同時に指摘せねばなりません。それは蔵書保存の新しい概念（コンセプト）がこの間に確立され、共有されてきたことです。

新しい概念とは、コンサベーションというモノとしての保存レベルでは、個々の資料の単位ではなくコレクションとしての資料の保存を視点にもつようになったこと、バーラモフさんが先ほど言及された「治療より予防を」を重視するアプローチ、修復・製本する場合には原資料のオリジナリティを最大限尊重する原則の遵守、等です。

一方、コンサベーションも含む包括的なプリザベーション（蔵書の保存管理）のレベルでは、酸性紙問題に直面して初めて「なぜ保存するのか？」の根本的な問いを発したことがあります。「誰のために、何を、何のために」と私たちは問い直したのでした。そして図書館における資料保存とは「資料の現在と将来の利用を保証する営み」と再定義するに至ったのです。

このような資料保存の考え方の転換を最初に述べましたのは、日本においてもアジアにおいても、この新しく確立された資料保存のコンセプトを基本としなければならないと考えるからです。これを基本に据えなければ、私たちの資料保存の努力も苦労も無駄となり無益となります。場合によっては有害です。それほどでない場合にも、成果が小さいものにとどまってしまいます。また、後でもう一度触れますが、国際的に連携することも不可能となります。それゆえ、新しい資料保存のコンセプトの成立は、アジアの蔵書保存との接点で、大変、重要な意味をもっています。

1.2 課題としての国際協力

2つ目の接点として「課題としての国際協力」を挙げます。ちょうど5年前、日本図書館協会の資料保存委員会が10年の活動の区切りとしてワークショップを開催しました。その折に私は「資料保存の10年―これまでとこれから」と題してそれまでの10年を総括するとともに次の10年の課題を整理する機会を与えられま

した。

そこで幾つかの課題を提示しましたが、「国際的な活動」もその1つでした。次に引用するのはそこからの抜粋です。

「そしてこれからについて言えば、我々は資料保存が世界的な課題であることを認識し、国際的な交流の中で、一緒に歩を進めていくことが肝心と思います。外国からの保存研修生の受け入れや派遣指導の実践について触れましたが、次の10年の中では、そうしたことがもっと日常的なこととして行われていることを期待したいと思います。「国際貢献」と声高に言う必要はないでしょう。図書館、文書館に国境はありません。共通の課題に一緒に立ち向かうこと、教え合い学び合うこと。それが大切です。

また特に、発展途上国の現状に敏感になることが重要です。政治的、経済的な理由により、図書館、文書館資料が悲惨な状態にある国も少なくありません。国際的に何が期待されているかを知ることも、次の10年の我々の課題です。」

『資料保存ワークショップ記録集』(日本図書館協会資料保存委員会編、1995年)

そこで課題として指摘したことが、本日のテーマに真直に結びついています。

2. 蔵書保存と国際協力

2.1 アジアの蔵書保存の現状

それでは次に、アジアの蔵書保存の現状がどうなっているか、に話を進めます。しかし、この点については実地での経験の豊富な坂本勇さんとアラン・ファインスタインさんが私の後に、それぞれの視点から報告されます。それゆえ私は、概括的な紹介にとどめることにいたします

まず「アジアの」と言う前に、日本の、フランスの、そして世界中の図書館、文書館の蔵書が困難な状況にあることを認識せねばなりません。このシンポジウムの第1回のテーマは「蔵書の危機とその対応」でした。この10数年、最初に紹介したような進展はあったものの蔵書の危機が過ぎ去ったわけではなく、依然とし

てエネルギッシュな取組みが必要とされています。加えて、保存の方策が未開拓の電子形態の出版物が普及してきた今日は、危機は倍加されたとも言えましょう。

　多くのアジアの国々では、そうした酸性紙や電子出版物の保存の困難に加えて、まず、近年にまで続く戦争や紛争による文化財、蔵書の消失・損傷があります。また東南アジアの熱帯性気候や寒暖差の激しい大陸の内陸部の気候は、風土に合致した伝統的な媒体は別にして、例えば木材パルプ紙やフィルム、レコード、電子媒体にとっては不適切な保存環境となっています。さらに多くの国々が発展途上国であり、そこでの政治的、社会的課題は、何よりもまず国民生活の安定であり産業の育成です。歴史資料の重要性、文化財の保存が意識されるとしても、国のなかでは取組みの優先順位は低くなりがちです。

　過度の一般化は慎まねばなりませんが、図書館や文書館の蔵書、またそこに収集される以前の各所に分散した歴史資料・書物が困難なあるいは惨めな状況にあることが少なくないとは言ってよいでしょう。

　そのような具体例としてベトナムのアーキビスト、ファン・ディン・ニャムさん（ベトナム第二国家文書保存センター所長）の報告を紹介しておきます。ニャムさんは1991年度の国際交流基金文化遺産保存専門家招聘事業によって日本に滞在され、文書保存のための視察、交流を行いました。彼は、2か月の滞在の終わり近くに「ベトナムにおける文書保存組識と今日の緊急課題」と題して報告を行っていますが、そこで「ベトナムの現在の課題」として以下の6点を挙げています。即ち、1)戦時中に文書が減少・紛失し、引き続きの収集・補充が必要であること、2)未整理の文書が多くかなりの経費・労力が必要であること、3)劣化文書が日毎に増加しているが保存のための技術・機器が不足していること、4)安全な文書保存庫が不足していること、5)高温多湿の気候が文書に被害を与えていること、6)保存専門家が不足していること、です。イメージを思い浮かべることができたでしょうか。困難な状況は私たちにもあるとはいえ、歴然とした違いも理解できると思います。

2.2 日本の文化財保存国際協力政策

こうしたアジアの図書館蔵書の現状は、これと踵を接する文化財についても同様のことが言えます。この文化財保存の国際協力の領域で、日本は重要な取組みを行ってきていますので次にそれを見てみましょう。

次の年表を参照しながらお聞き下さい。

最近の文化財保存領域における日本の国際交流（年表）

年	内　容
1984	上智大学「アジアの文化遺産の再発見研究プロジェクト」開始
1986	東京国立文化財研究所「敦煌石窟の保存に関する研究協力」開始
1988	竹下首相「国際協力構想」発表（ロンドンスピーチ） 「国際文化交流に関する懇談会」設置
1989	「国際文化交流に関する懇談会」報告発表 「国際文化交流行動計画」策定 「ユネスコ文化遺産保存日本信託基金」創設
1990	文化庁「アジア文化財保存セミナー」開始 国際交流基金「文化遺産保存専門家派遣事業」「文化遺産保存専門家招聘事業」開始
1991	「アンコール遺跡救済委員会」設置
1992	国際協力事業団「文化財修復整備技術コース」設置 東京国立文化財研究所「国際修復研修事業」開始 「世界の文化遺産及び自然遺産の保護に関する条約」締結
1993	東京国立文化財研究所「国際文化財保存修復協力室」設置 「ユネスコ無形文化財保存・振興日本信託基金」設置 文化庁「アンコール文化遺産保護に関する研究協力」開始
1994	東京国立文化財研究所「文化財の保存修復に関する国際共同研究」開始 「新しい時代の国際文化交流（国際文化交流に関する懇談会報告）」発表
1995	国際交流基金アジアセンターの創設 東京国立文化財研究所「国際文化財保存修復協力センター」設置
1998	文化庁「アジア太平洋地域の文化財保護に関する国際協力の在り方について」調査報告書
1999	ユネスコ・アジア文化センター文化遺産保護協力事務所開設

年表は最近の我が国の文化財保存協力活動を辿ったものです。

年表をちょうど今から15年前の1984年から起こしましたが、酸性紙問題との関わりはありません。それ以前にもボロブドゥール遺跡（インドネシア）やモヘンジョダロ遺跡（パキスタン）の修復協力事業がありますが、現在に直結する活動のステージは、その頃（1984年）に始まると私は理解しました。1984年に上智大学アジア文化研究所による「アジアの文化遺産の再発見研究プロジェクト」が開始されました。1986年には東京国立文化財研究所の「敦煌石窟の保存に関する研究協力」が開始しています。この2つの計画は現在にも継承され発展している計画です。

1988年は日本の国際文化交流史上、文字どおりに期を画す年となりました。文化財保存の国際協力もこれに含まれます。1988年5月、竹下首相がロンドン市主催の午餐会で演説を行いました。後にロンドンスピーチと呼ばれることになる演説ですが、なかで首相は「世界に貢献する日本」の実現のため、平和のための協力、政府間援助の拡大、国際文化交流の強化、の3本の柱を提唱しました。そして、文化交流が政治、経済と同等ないしそれ以上に重要であるとの認識を表明したのです。

竹下首相の提唱は直ぐ実行に移されました。同5月に平岩外四さんを座長とし、山崎正和さん、加藤秀俊さん、平山郁夫さん、京極純一さん等の学者、演劇の浅利慶太さん、映画の高野悦子さん等の有識者17名をメンバーとする首相の諮問機関「国際文化交流に関する懇談会」が発足しています。この「懇談会」は、翌1989年5月に、提言を報告にまとめて首相に提出しました。図書館にとって関連の深い提言も幾つかありますが、ここでは今日のテーマに即した部分を以下に、抜粋しておきます。

「国際文化交流に関する懇談会」報告抜粋

（1989年5月）

第三章　今後推進すべき重要政策

第一節　　分野別政策
　4．文化遺産保存協力の充実と基盤の強化

　文化財は人類共通の財産です。我が国は文化財保護に関する国際交流・協力を進めるとともに、我が国の保存科学・修復技術の水準向上に努め、世界に貢献していく必要があります。
(1) このため、「世界の文化遺産及び自然遺産の保護に関する条約」を締結するとともに、敦煌をはじめアジアの文化遺跡およびユネスコのキャンペーンの対象遺跡等に対する協力を行うため、ユネスコ「文化遺産保存日本基金」の設置、ユネスコ・アジア文化センターの事業の拡充、および無償資金協力の活用などを進めるべきです。
(2) 外務省、文化庁、国際交流基金及び国際協力事業団の連携を強化して、文化財保護に関する国際協力のための人材派遣システムを早期に整備する(例えば「文化財保護協力隊」(仮称))必要があり、さらに、国立文化財研究所の国際的協力センターとしての機能の強化、博物館における学芸員の充実等、国内の研究・協力体制の整備が必要です。
(3) これらの施策を実施していくために、文化財保存に関する国際交流・協力予算の拡充と民間活動支援のための条件整備を行うべきです。

　「懇談会」報告を受けて6月に内閣に設置された国際文化交流推進会議は9月に「国際文化交流行動計画」を策定し、上記の提言は、その後、着実に実行されていきます。1989年の「ユネスコ文化遺産保存日本信託基金」の創設、1990年の文化庁「アジア文化財保存セミナー」の開始、国際交流基金「文化遺産保存専門家派遣事業」「文化遺産保存専門家招聘事業」の開始に始まり、間に1994年の「新しい時代の国際文化交流(国際文化交流に関する懇談会報告)」、1995年の国際交流基金アジアセンターの創設をはさみ、本年の「ユネスコ・アジア文化センター文化遺産保護協力事務所」設置等へと大きな展開を遂げてきております。
　1つだけ補足しますと、1994年の「新しい時代の国際文化交流(国際文化交流に関する懇談会報告)」は「何をなすべきか」より「いかになすべきか」に力点を置いていることが特徴です。つまり、国際文化交流は国と国との交流にとどまらず、地方自治体、種々の団体・機関、民間企業、民間財団、NPO、そして国民

の一人ひとりのレベルでなされること、言い換えれば国民全体として取り組むべき課題としてとりあげたこと、に特徴があります。

さておわかりと思いますが、年表に挙げた項目は、その1つ1つが重要な意義をもつものです。そこで問題です。これら文化財保存国際交流の発展は、図書館、文書館の蔵書保存には関わりがないでしょうか？答は、勿論「イエス」です。

それを調べるために、簡単な保存協力関連の文献リストを作成したのでご覧下さい（文末、p.42）。印刷された報告のみですので不十分ですが、それでも当座の役には立ちます。

1990年に国際交流基金に新たに2つの文化遺産保存関連の計画が開始されたことは、先ほど見ていただいたところです。その初年度に、ベトナムの文書保存のため森縣さん（宮内庁書陵部）が派遣されています（3、10＝資料番号、以下同じ）。他方、招聘計画により同じベトナムからファン・ディン・ニャムさん（第二国家文書保存センター所長）が来日され保存の研究、研鑽を積まれました（6）。翌年度には国立国会図書館が受入機関となりモハメッド・ラザリさん（マレーシア国立公文書館コンサベーター）、ジャン・ライアルさん（オーストラリア国立図書館保存部長）が訪日され我々と交流しました（4、5）。派遣計画では国立国会図書館の久芳正和さんと私がインドネシア国立図書館に赴き、資料保存の講義とワークショップを実施しました（7、8）。以下、文献リストにあるように、国立国会図書館の大山清二さんの英国・オックスフォード大学図書館への派遣（11）、丸澤勝利さんのインドネシア・ソロ王宮図書館への派遣(12)等と継続しています。

一方、1995年に創設された国際交流基金アジアセンターの歴史資料保存プロジェクトにより、モンゴル、ベトナム、マレーシア、インドネシア、ミャンマーの図書館、文書館資料保存のための調査チーム派遣が遂行されています。文献リストの（20）～（22）はその部分的な報告書です。

このように日本の文化財保存協力の動向と私たち、図書館・文書館の資料保存の関わりは明白です。しかしそこで、課題があることに気がつきます。

それは、私たちの図書館、文書館界が国の国際文化交流の方針、文化財保存の施策を理解してきたかどうか、という点です。大規模なプロジェクトにも発展し

ている文化財保存協力計画を理解し、それを支持し、またそれを自分たちの領域に活用しようとしてきたかどうか、です。残念ながら、そのような動きは見られませんでした。私たちの怠慢と反省すべき点でしょう。しかし、これは私たちの責任だけではなかったとも考えます。国際文化交流に関する懇談会報告には、博物館や学芸員の名はありますが、図書館、文書館の名前はありません。保存協力を提唱してきた人たちは、遺跡や建造物、伝統芸能は文化財の範疇に組み込みますが、図書館や文書館の蔵書を文化財と意識することは薄いようです。これは困ったことです。図書館側に文化財保存協力の理解が不足していることと保存協力提唱者側が図書館・文書館を意識しないことが表裏の関係になっていることがおわかりでしょう。

　それでよいでしょうか。遺跡や建造物の保存は大事でしょう。しかし、それぞれの国や地域の過去を現在へと繋ぎ、さらには未来へと繋ぐもの、一国の歴史と文化を他の国の歴史と文化、さらには世界のそれらへと繋ぐもの——それは何よりも書かれた史・資料です。図書館、文書館が収集・保存してきたコレクションこそ、文化遺産の核と言うべきものではないでしょうか。私たちはそれを、声を大にして主張する必要があります。

3. 文化協力のキー・ポイント

　先程、「課題としての国際保存協力」を5年前の私の整理としてお話しました。文末の文献リストを一瞥すると、ある程度はこの課題が解消に向かっているとみることも可能です。事実、資料保存ほどアジアとの交流が盛んに行われてきた領域は図書館では他にありません。従って、今後も、より多くのプロジェクトが実行されることを期すれば良い、と考えられるかも知れません。

　より数多くの協力計画の遂行が重要であるのはそのとおりです。が、それだけで良いか、と言えば、それは違います。これまでに行われてきた計画を振り返ると幾つもの欠点が見つかります。しかもそれは致命的ともいえる欠点です。

　今日は、それらの欠点を述べることはせず、代わって文化協力のキー・ポイン

トとして、Esprit positif／主体性／パートナーシップ／事前準備と事後評価／継続と連携、の5点に簡単に触れることにします。

"Esprit positif"はバーラモフさんのお国の言葉を借用しています。negatifの対語のpositifは、否定的に対する肯定的の意味で、肯定的な精神のことです。しかし同時に、積極的な、能動的な、建設的な、実践的な精神の意味ももっています。資料保存に限らず、どんな国際文化交流活動においても、積極的、能動的な姿勢なくして成果をあげることは困難です。そこで自問してみましょう。私たちは何を積極的に推進してきたか、どんなイニシアチブを発揮してきたか。答は皆様にお任せしますが、私はあまり芳しいものではなかったとみています。

次の「主体性」は、私たちが積極的にアジアの国々の図書館や文書館に関与していっても、資料保存の主体は各国の各図書館、各文書館にある、という当然の理念です。蔵書の保持者が保存の主体です。この当然の理が、様々なプロジェクトを進めていくと忘れられることがあるので書き留めました。そして、かれら主体を担う人たちとのパートナーシップこそが、保存協力の基本でなくてはならないのです。主体が不在なら、探し出し、創り出してもらうことが必要です。しばしば、その手伝いを買って出なければならないでしょう。それでも主体が誰か、は明確に意識しておくことが重要です。ですから、保存協力の基本は資料を保存することでなく資料を保存する人たちを支援することだ、とでも言い直すと私の趣旨がより明確になります。

次は「事前準備と事後評価」です。これまで行われてきた協力計画をみると、担当者や担当機関が非常に熱心に対応してきたことが伺えます。これには頭が下がります。当然、事前の準備も丁寧に行われてきています。しかしそれで十分だったか、と言えば必ずしもそうとは言えない。なぜかと言うと、計画の目的が何で、如何なる成果を期待しているのか（あるいは期待されているのか）、次にどう繋ぐのか、が考えられていないことが多いからです。成果を見据えなければプロジェクトを成功裡に終えることは不可能です。そのことは事後評価の不在にも表れます。様々なプロジェクトの後で、事後の事業評価がきちんとなされたケースは、私の知る限りありません。この点には私自身が関わったプロジェクトも含まれま

すので、自身の反省も交えてのことです。こんなことで良いのでしょうか。これでは、厳しく言えば、自己満足に過ぎないのです。容易ではありませんが、事後評価を最初から計画に組み入れておくべきです。

　このようなプロセスが「継続」に繋がります。息の長い資料保存の領域では、調査にしろ研修にしろ一度の計画で成果を望むのは土台、無理な話です。継続こそが成果の基盤です。その継続が計画化されているかどうかが問われます。またそこで「連携」が関連してきます。といいますのは、支援協力するのは１つの機関ではないからです。日本の国内はもとより、幾つもの国が支援の手を差し伸べるケースが少なくありません。私がトヨタ財団、国際交流基金の助成で仕事に関わったインドネシア国立図書館の例で言えば、アメリカ、イギリス、オランダ、オーストラリア、日本、それにインド、マレーシアが直接、間接に支援を実行しております。それらの間に連携がなければ、随分と無駄な努力が払われることになります。無駄であるだけでなく、支援計画に調整がなければ、何よりも現場が混乱します。ある国の専門家がこうすれば、と提案する。次に来た専門家チームが、今、なすべきことはこれだ、と指導する。別のプロジェクトは電子化の推進を進言する。一体、誰に従ってどう計画を進めるべきかと右往左往する。こんな事態に遭遇してしまいます。当事者が自信をもって計画を進めるためにも、連携は不可欠です。

4．文化協力の進め方

　それでは今度は、より実践的な観点から文化協力の提案を６項目行いたいと思います。もとより、皆様の議論に付すための素材として、であることは断るまでもないことでしょう。

(1)情報を集めて提供する：インフォメーションセンターの役割
　アジアのどこかの国から保存の研究者、研修生を受け入れる場合、あるいはどこかの図書館、文書館へ赴く場合、現在は担当者、担当機関が殆どゼロから情報収

集を開始せねばなりません。これまで日本国内だけでも少なからずの保存協力プロジェクトが実施され、報告も提出されているにもかかわらずです。またアジア各国では様々な機会に国別報告、調査報告が作成されていますが、それの調査もゼロからの準備になっています。

　第1の提案は、これらのプロジェクトの成果物、報告等を集積し、利用できるようにすることです。成果物が内部資料であれば、どこで何が閲覧できるかの情報だけでもよいでしょう。とにかくこの種の保存情報の収集、整理、提供の仕組みをつくることが肝要です。それから、ここで収集する情報には現在進行形のプロジェクト、将来の計画も追加しておきたい。そうすれば、直ぐに連携の広がりが産まれます。例えば、誰かがベトナムの図書館調査実施計画を発表すれば、例えば「前のこんな報告がある」とか「マイクロフィルムの保管環境を調査してきて欲しい」といった連絡を受けることになります。

　このインフォメーションセンターの役割は図書館員の得意とするところですから、図書館が担うべきでしょう。集積した情報はニューズレターででもホームページででも提供してもらいたい。また、国際的な連携のためには外国の情報も入力し、かつ外国からの利用・検索が可能なように報告タイトルだけでも英語版で提供されることが必要です。

(2)関係機関を横に繋ぐ：連携の組織化

　提案の2番目は様々な関係機関を繋ぐことです。図書館だけなら連携協力は比較的たやすくできると思います。文書館でも同じでしょう。しかし、図書館、文書館のほかに、助成機関、保存研究機関、博物館、大学、保存専門家、アジア研究者、企業等、多様な機関と人が関与しています。それぞれの機関がそれぞれの目的と計画に従って、事業を行ってきています。それは当然のことですが、その結果、全体としてはバラバラで、バランスの悪い、効率の悪い協力が行われているのが実状です。かって丸山真男が日本の思想風土についてタコツボ型と診断し、それをササラ型へと修正しなくてはならない、と指摘しましたが、ここでみられるのはまさにタコツボ型の状況です。それをササラ型の、つまりは連携可能な体

系へと軌道修正しなくてはなりません。体系といっても別に、1つの組織に編成すべきといっているわけではありません。最低限でいえば、関係機関・関係者の意思疎通の確保です。それぞれが何を目的に何を実施しているのか、そこで蓄積されてきた経験や成果、悩み・苦労は何か、など、交流し共有できるものは少なくないはずです。

　意思疎通を進めるなかで、協力、協同のプロジェクトも実現可能となるでしょう。

　例えば、政府ODAの1つに文化無償と呼ばれる発展途上国援助があります。1件5千万円程度で、毎年、発展途上国からの要請を審査して援助が実施されています。世界各国の国立図書館、国立公文書館に対しても、この援助計画によりマイクロ機器等の保存機材が提供されてきています。ただ、残念なことに提供された機材が、図書館で「遊んでいる」「眠っている」場合が少なくありません。なぜか、については長くなりますので触れません。それを防ぐための方策を提示してみましょう。

　まず必要なことは調査と計画です。現状を調査し、保存計画をつくることが先決です。そのために手伝いが必要なら、そのための人・チームを派遣することが重要です。そして保存計画を遂行するために何が必要か同定できたら、そのうちの機材等を文化無償計画で要請してもらいます。同時に重要なことは機材を使う人の研修です。それを組み合わせなくてはなりません。ここで例示した調査・計画の段階、研修の計画は文化無償計画には入っていませんから、これを政府、民間の財団の助成プログラムとして連携し進めてはどうでしょうか。そうすれば文化無償が生き、保存計画が進むことになります。

　以上は例えとしてのケースですが、こうした連携により、実りある協力が可能になると思います。

(3)国際的に連携する：関係機関とのチームワーク

　国際的な連携の必要性、重要性については特に説明することはないと思います。何といっても土俵がアジアであり、その土俵にアジア各国、アジアのなかでの連

携組織、欧米の保存関連機関等が上がっています。連携なしでは先へは進みませんし、無駄な努力を行うはめにも陥ります。IFLA（国際図書館連盟）、ICA（国際文書館評議会）、ユネスコなどの国際組織、各国の国立図書館、国立公文書館等を中心に、連携を具体化することが大切です。

最初にインドネシア国立図書館資料保存国際評価チームに参加したとお話ししましたが、このプロジェクトは、それまでに個別、バラバラに行われてきて、しかも成果が必ずしも芳しくなかった支援計画を、全体として調整、組織化する目的でフォード財団を中核に計画されたものでした。先導する機関がイニシアチブを発揮すれば、国際連携も十分可能です。

(4)蔵書保存の見取り図が必要：プロジェクト実践の要諦

この15年、私たちが日本で学んだことの重要な1つに、図書館、文書館の保存ニーズを総体として把握し、そのニーズに応える努力を計画的に、段階的に、できるところから取組んでいくアプローチがあります。いきあたりばったりの手法では、ゴールに到達することは不可能です。これは、他の国、アジアでも無論同じです。そして国毎に考えても同じことがいえます。国ごとの蔵書の全体像、保存ニーズの全体を把握することが重要です。そして次に計画化、優先順位の設定を行います。夥しいニーズにすべて応えられるものでないことは、誰でも理解できることです。時間的に、資料的に、保存の取組みが急がれるのは何か。その理解と把握なしでは、「要請」に応じての、結果としては「いきあたりばったり」の支援となります。

(5)協力のツールを整備する：保存資源の共有

ここで協力のツールとしたのは、保存関係者（機関）ダイレクトリー、サービス・資材調達リスト、参考資料集等の整備のことです。実際に協力事業を始めますと、ここで記したものが威力を発揮してきます。例えば、日本だけでも少なからずの助成機関が保存協力に門戸を開いています。各助成機関が資料保存のためにどんなプログラムを用意しているか。助成の趣旨や規模、応募方法等が一覧で

きれば、アプローチがたやすくなります。アジアの蔵書保存のために助成している外国の助成機関のリストが一緒に見られれば、連携協力にも役立ちます。こんなツールが用意されていると、協力事業が活発に、そして容易になります。

(6)担い手をつくる

　提案の最後は最も重要な課題、「担い手」をつくる提案です。これには「人」と「組織」の面があります。

　「人」については保存技術者・保存管理者の育成となります。保存技術者は主としてコンサベーター（製本・修復家）のことですが、マイクロ化・電子化の技術者も加えなくてはなりません。優れた技術者は日本に少なくないと思います。ただ、次の注文を付け加えなくてはなりません。それは、1)コミュニケーションの能力、2)グローバルスタンダードの理解、3)保存管理の知識、の3点です。

　外国との対応ですからコミュニケーションの能力が必要であることはわかるでしょう。しかし、英語やアジア諸言語の言語能力と短絡して述べているのではありません。通訳を介してでよい。コミュニケーションをもてることが不可欠です。グローバルスタンダードとは、この15年に私たちが確立してきた資料保存のコンセプトと重なります。それを基盤としないでは、他の国との連携は不可能です。

　3つ目の保存管理は、比較的新しいコンセプトです。先ほど、バーラモフさんがプリザベーション・マネージメントのセミナーを紹介されましたが、それが保存管理です。プリザベーション・アドミニストレーションの用語も使われていますが、主として蔵書保存の計画を策定しそれに従って実行を進める業務です。それを担当し責任をもつ図書館員、アーキビストの養成も（これは協力の場面に限りませんが）必要です。

　例えば、沢山のパームリーフ文書が部屋に剥き出しで積み上げられていると仮定して、その保存計画をどう立案するか。その資料群の資料的価値、学術的価値、利用価値等を勘案し、保存状態を診断し、実現可能な処方箋を書く。そして処方箋に従って計画を実行していく。まあ、そんな任務です。製本や修復の前に、マイクロ化や電子化の前に、考えるべきことがあります。そのことを理解すること

がコンサベーターにも必要です。

　保存協力の人材は、現時点では多くありません。しかし事業が進めば人材も育ってくる、と私は楽観しています。既にその兆しがみられます。

　一方、担い手としての組織・機関についてはどうでしょうか。時間がありませんので粗い言い方になりますが、これは、どの国においてもまずは国立図書館、国立文書館が中心にならなければなりません。日本では国立国会図書館、国立公文書館です。とりわけ、国立国会図書館はIFLA/PACアジア地域センターの役目を担っているのですから、当然十分なイニシアチブを発揮せねばなりません。

　本日のシンポジウムはアジア地域センターとなってからの10年の節目として開催されていますが、保存情報を収集・提供し、関係機関を横に繋ぎ、元気に保存協力活動が展開されるようイニシアチブを発揮する、それがアジア地域センターを受け持つ国立国会図書館の次期10年の責務と私は考えます。

5．結び

　さて、時間がきていますので、結びとしてもう一言述べて終わりにします。
『本を残す』(1982年刊)により日本で酸性紙問題の警鐘を鳴らしたのは金谷博雄さんでした。金谷さんは別の折に「資料保存は学際的、業際的、国際的」と記しています。けだし名言と思います。それは、その後15年の資料保存の発展が、まさしく学際的、業際的、国際的な連携によって初めて可能となったことを思い起こせばよく理解できます。

　アジアの蔵書を保存するためにも広範囲な連携が不可欠です。本日のシンポジウムにも図書館員、文書館員だけでなく、関わりのある多くの分野の方々が参加されています。日本の図書館、文書館の資料保存のために、またアジア諸国の蔵書保存のために今後も引き続き、ご支援をお願いしたいと思います。図書館・文書館は歴史と社会を繋ぐ絆です。それゆえ、危機的な状況にある蔵書の保存は、重要な社会的、文化的な要請と言えます。その点を強調して報告を終わります。

　ご静聴ありがとうございました。

【参考文献（抄）】

(1) 牧田東一「東南アジア地域における古文書保存事業」『アジア資料通報』Vol.27,No.7(1989)

(2) 安江明夫「蔵書の保存計画－インドネシア・プロジェクトに参加して－」『資料保存研究会ニューズレター』No.24 (1989)

(3) 森縣「ベトナムの古文書を訊ねて」『文化財の虫菌害』No.21 (1991)

(4) モハメッド・ラザリ（マレーシア）「サヨウナラ、マタアイマショウ－3か月の保存研修を終えて－」『国立国会図書館月報』No.361 (1991)

(5) ジャン・ライアル「オーストラリア国立図書館の資料保存活動－同館保存部長ジャン・ライアル氏に聞く－」『国立国会図書館月報』No.362 (1991)

(6) ファン・ディン・ニャム「ベトナムにおける文書保存組織と今日の緊急課題」『記録と史料』No.3 (1992)

(7) 久芳正和「資料保存のための国際技術援助－インドネシア国立図書館にて－」『国立国会図書館月報』No.375 (1992)

(8) 久芳正和「インドネシア国立図書館の保存援助計画－貝多羅葉文書を保存箱に入れる！」『ネットワーク資料保存』No.34 (1992)

(9) ピンヤ・スウォナチャイ（タイ）「資料保存事始－日本での保存研修を終えて」『国立国会図書館月報』No.381 (1992)

(10) 森縣「東南アジアにおける資料保存について－ベトナムで考えたこと－」『Library and Information Science News』No.75 (1993)

(11) 大山清二「日本の古典籍を修補する－オックスフォード大学ボドリアン図書館にて－」『国立国会図書館月報』No.386(1993)

(12) 丸澤勝利「ソロ王宮図書館での資料保存と修復に携わって」『国立国会図書館月報』No.402 (1994)

(13) 岡本幸治「ビザンチン写本の保存－ブルガリアへの文化的援助と交流の事例」『ネットワーク資料保存』No.42 (1995)

(14) N．ガラゲデラゲ（スリランカ）、ガルジート（インドネシア）「自国で研修の成果を生かしたい－保存修復技術研修を終えて－」『国立国会図書館月報』

No.426 (1996)

(15) 国立国会図書館編『保存環境を整える 厳しい気候、各種災害から資料をいかに守るか 第7回資料保存シンポジウム講演集』日本図書館協会. 1997

(16) 小林輝男「エジプト国立図書・公文書館に派遣されて－資料保存の技術者として」『国立国会図書館月報』No.433 (1997)

(17) 西薗一男「エジプト国立図書・公文書館の資料保存の現状」『国立国会図書館月報』 No.433 (1997)

(18) 小林輝男、西薗一男「和紙を携えてパピルスの国へ」『びぶろす』Vol.48, No.6 (1997)

(19) 「ベトナム古文献（ハンノム）研究院所蔵文献に関する第1次調査の報告と提言」『東洋文庫』(1997)

(20) 坪井善明、安藤正人ほか『アジアにおける歴史的文書史料の修復保存総合調査 第2回調査団報告書』東京修復保存センター. 1998

(21) 坂本勇ほか『ベトナム HAN-NOM 歴史文書修復報告書』東京修復保存センター. 1998,1999

(22) 見城敏子「ヤンゴン市内の重要な古文書所蔵機関の保存環境」『文化財の虫菌害』No.37 (1999)

【講演】

ひとり一人が築く世界の資料保存ネットワーク

*
坂本　勇

（東京修復保存センター代表）

1　IFLA/PACアジア地域センター開設前後

　既に講演をされた方々がお話になりましたように、国立国会図書館がIFLA/PACアジア地域センターを引き受けられて今年で10年という節目の年になります。今回講演の機会をいただき、「鳥の眼、虫の眼」という視点を思い返し、できるだけ地べたの虫の眼から見た話、アジアのエスニックな食べ物の香りのするようなお話にしたいと思っております。

　アジア地域センターが創設された80年代後半は、日本国内ではじめて酸性紙問題に警鐘をならした金谷博雄さんの個人誌『ゆずり葉』の創刊（1983年）などにより、国内に資料保存のパイオニア達が登場してきた時期を経て、具体的な組織化が始まる時期でした。私どものTRCC東京修復保存センターを設立したのがIFLA/PACアジア地域センターの開設1年前の1988年で、同じパイオニア世代の岡本幸治さんのアトリエ・ド・クレや木部徹さんのキャットも相前後して創設されており、この時期に様々な萌芽的な活動がやっと形を成してきたように思えます。

　資料保存の日本におけるパイオニア達を創出した個人誌『ゆずり葉』はご覧の

ように小さく、創刊号は12頁で一部100円というものでした。金谷さんにしても私達にしても、自分の本業があり、義務感や命じられて何かをするというよりも、自分の自由意志で始め、自分の時間やお金、アイデアを出し合って、酸性紙のイロハから、アメリカやヨーロッパの図書館・文書館界の状況、あるいは化学的な脱酸等の対処法を考え、実践的に学びあって人の輪が広がってきたことが、とても大切であったと思います。

創刊号で金谷さんは、出版界に身をおく一人として自分たちが日々世の中に送り出していく出版物が、本当に物理的に未来に残るものなのか、と問い、"酸性紙"についての海外記事にショックを受け、自分の身を削るような努力で、毎月個人誌として1986年に終刊されるまで通巻40号を出し続けられました。

創刊号に掲載されている「ゆずり葉」の詩をご紹介します。

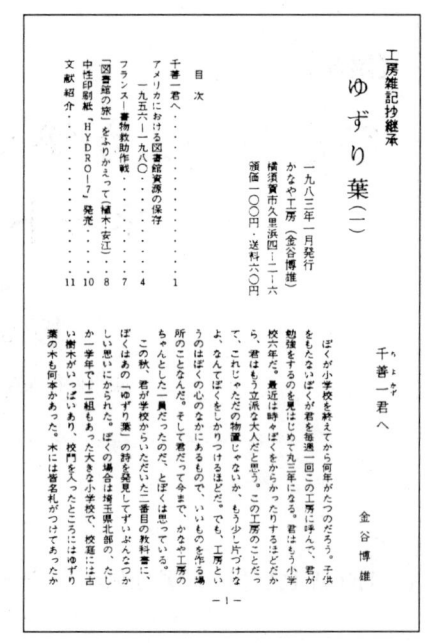

『ゆずり葉』創刊号

ゆずり葉

河井　酔茗

子供たちよ
これはゆずり葉の木です。
このゆずり葉は
新しい葉が出来ると
入り代わってふるい葉が落ちてしまうのです。

こんなに厚い葉
こんなに大きい葉でも
新しい葉が出来ると無造作に落ちる

新しい葉にいのちをゆずって——。

子供たちよ
お前たちは何を欲しがらないでも
すべてのものがお前たちにゆずられるのです。
太陽の廻(めぐ)るかぎり
ゆずられるものは絶えません。

輝ける大都会も
そっくりお前たちがゆずり受けるのです。
読みきれないほどの書物も
みんなお前たちの手に受け取るのです。
幸福なる子供たちよ
お前たちの手はまだ小さいけれど——。

世のお父さん、お母さんたちは
何一つ持ってゆかない。
みんなお前たちにゆずってゆくために
いのちあるもの、よいもの、美しいものを
一生懸命に造っています。

今、お前たちは気が付かないけれど
ひとりでにいのちは延びる。
鳥のようにうたい、花のように笑っている間に
気が付いてきます。

そしたら子供たちよ。
もう一度ゆずり葉の木の下に立って
ゆずり葉を見る時が来るでしょう。

出典:『ゆずり葉』創刊号 (1983.1)

　きっと金谷さんご自身もこの「ゆずり葉」という詩の小さな問いかけが、酸性紙問題から始まる日本の大きな資料保存活動に発展し、こうして16年もの歳月を経て読み返されることなど創刊当時知る由もなかったと思います。

2　資料保存、その「驚きと発見」の日々

　すでにアジア地域センターの10年の歳月にみられるように、ゼロから始まった図書館・文書館界における資料保存活動は大きく成長してきました。私どものTRCC東京修復保存センターも16人のスタッフで大型リーフキャスティング装置や非水性脱酸設備を海外から導入し、年間10万枚もの様々な形態のオリジナル紙資料を修復する、アジア地域で最大規模のコンサベーション・センターとなりました。金谷さん以前にも図書館界などで酸性紙問題を見聞しておられた方々は少なくないと思われますが、『ゆずり葉』のような「驚きと発見」を具現したムーブメントは発生しませんでした。人にはそれぞれのアンテナがあって、ある日突然「驚きと発見」と出会い、人を突き動かしていくように思っています。

　「驚きと発見」には、素晴らしく喜ばしいこともあれば、理不尽で楽しくないようなこともあると思います。東京修復保存センターの創設と仕事の方向性を決定的にしたのは、残念ながら後者の針のムシロに座らせられているような辛い思いで「驚きと発見」をアンテナがキャッチしたからです。

　まだ、デンマークへ修復家になるために留学する前のこと、デンマーク王立文化財修復保存技術学院の先生や王立図書館の修復家が日本に来られ、国立機関の貴重資料収蔵庫などを見学させてもらった折に、「江戸中期あたりまでの資料や指定文化財は非常に立派に管理され、修復もされている。他方、江戸後期や明治・大正・昭和期の近代資料、歴史文書となると時期が新しいという理由だけで粗末な管理のされ方をし、修復が必要なものも放置されているアンバランスな姿は奇妙だ」という印象談をされたことを、「ひとごと」として聞くことができず、ついに修復家となる勉強をし、近代歴史文書類の修復保存を自己の仕事の専門とすることとなりました。この文化財行政のアンバランスな姿や平凡な暮らしの記録資料の重要性をデンマークの方々に教えられた思い出は、1995年のショッキングな阪神大震災後の現地活動へ駆り立てていくこととなっていきました。

　ちょっと耳を澄ますと「驚きと発見」はどこにでも転がっているのかもしれません。私が修復に興味をもった頃、虫損の著しい古文書などのきちっとした修復

には国内で大変な手間と時間がかかっていました。ちょうど、デンマーク王立図書館で開発されて10年ほど経過していた修復用のリーフキャスティング装置を見る機会がありました。もともとヨーロッパでの劣化損傷や虫食った文書のために開発された機械でしたが、むしろ大量にあり虫損のひどい日本やアジアの歴史文書に適しているのではないかと胸が踊りました。現在、東京修復保存センターの基盤修復技術となり、年間何万枚という虫損のひどい古文書や崩れそうな酸性新聞原紙の大量修復を可能にしているリーフキャスティング技術もそれらの「驚きと発見」の産物のひとつだったと思い返します。

　このように、これまでの資料保存の歴史には様々な「驚きと発見」がつまっていますが、時間の都合で、先を急がなければなりません。

3　文書修復家の眼

　文書修復家(ペーパー・コンサベーター)は数年間の専門教育を受けて、世界各地に出向いて病んでいる様々な歴史文書を診断、予防し治していく仕事を行っています。

　オランダで一年間歴史文書修復の勉強をして昨年帰国し東京修復保存センターに勤務する安田智子さんの「留学のまとめ」の中で、「文書修復家の眼」を駆使した調査事例が報告されています。ご承知かもしれませんが、オランダでは西暦2000年が日蘭修好400年になり、また、2002年は歴史上重要な役割を果たしたオランダ東インド会社(VOC)創立400年の記念すべき年となり、ユネスコの世界の知的遺産(Memory of the World) 事業のひとつとして、オランダはじめ世界各地に散在するVOC関連史料を調査保存し、デジタル化しようという事業に国家的に取り組んでいます。オランダ本国やアジア地域の貿易拠点であったバタビア(現在のジャカルタ)にあるナショナル・アーカイブには日本の平戸やアジア、アフリカからの各地のローカル紙が今も大量に歴史文書として保存されているのです。安田さんは、すでに幻の存在となっている各地のローカル紙が、数百年間各地の図書館やアーカイブズにひっそりと眠っていることを発見し、また歴史家や

研究者は紙の上に書かれた文字や描画に関心が強く、素材としての紙自身に眼を向けてこなかった不思議さに驚きます。良く知られている巨匠レンブラントが版画に使用した厚手の和紙とそっくりの雁皮紙もVOC文書ファイルにはたくさん残されています。1998年に、坂本が中心となって実施したベトナム・中国の歴史文書調査(国際交流基金アジアセンター事業)に一員として加わった経験などを活かし、オランダでの修復の勉強の合間に、文書修復家の眼でナショナル・アーカイブ（ARA）の収蔵庫に数百年間眠ってきたVOC文書を厚み計やルーペを使って慎重に調べていきました。仕事柄、文書修復家は日常的に素材自体をたくさん触っており、紙素材の感触や風合い、特徴を身体に覚え込ませている事から、これまでの歴史家や研究者が見落としてきた素材からの色々な情報に眼を開き、新しい境地を拓くことは困難ではなかったのです。1620年代からオランダの収蔵庫に目立って多くなる鳥の子紙など紙そのものが語る面白い調査結果は別の機会に譲りたいと思いますが、これまで一般的であったマイクロフィルムや印刷レプリカを使った資料研究や展示というものが、オリジナル歴史資料そのものが保有する豊富な情報量に比べて不完全で代用にすぎない、という思いにあらためてさせられます。

　そしてこの文書修復家の視点は、これまでの国宝文化財修理も含む日本の「修復」の在り方をも問うているように思われます。修復は、利用が困難となり後世に残せない状態となった資料をよみがえらせる効用もある一方で、今後ますます進歩していく分析装置・技術などにより素材自体から解明される貴重なオリジナルの歴史情報を滅失させる危険も孕んでいます。例えば沖縄などの文書のように内外各地の紙素材がぶつかり合う地域に残る文書が、素材情報を調査分析されない段階で裏打ち修理などを終えてしまうと、オリジナル素材の分析技術が非常に進んだとしても、すでに修理修復によって未知の情報を豊富に保有していた素材自体の調査分析が不可能となってしまっている事態も想定されることから、慎重な判断が求められる時代に向かっていることを考えなければなりません。

4 対等な国際協力──ベトナムの歴史文書調査から見えてきたこと

　過去の歴史を踏まえ、アジアへの国際協力が対等なものになっていくためには、相手に一方的に技術指導し、押しつける方式では無理があります。相手国の文化や歴史資料について謙虚に学び、正当に評価していく協力実践法が求められます。従来のような先方のリクエストで短期間、事前調査もなく急に専門家を探して派遣するような専門家派遣事業やバラまきの文化無償援助協力の在り方はそろそろ見直さなければなりません。相手国の文化や歴史資料に通暁した地域研究者や、素材に熟知した専門家などと修復保存専門家が連携したチームプレーが、事前調査とともに対等な国際協力には欠かせなくなってきています。

　このような考えは当たり前のことのように思えますが、現実は「押しつけ」の資料保存協力も少なくありません。たとえば、日本の誇る「和紙」や「修復技術」があります。世界の修復保存の分野で和紙は重宝され、その美しさと素晴らしさは日本の誇りとなっているといっても過言ではないでしょう。和紙は世界に冠たる素晴らしい紙、日本の修復技術は最高のものと自他ともに思うあまり、周囲が見えなくなっていることもありそうです。私達はアジアの伝統的な紙や化学的なインクなどの素材について、どれだけ学び知っているでしょうか？ ベトナムの紙の材料や歴史を学んだことがあるでしょうか？　知らない人の方が多いことでしょう。

　ベトナムの場合、日本の和紙と似てゾーと呼ばれる靭皮繊維を使ってネリを入れて手漉き紙を作っていますが、今はハノイの北方でたった5軒しか手漉き紙を漉いておらず、質も良くありません。中国の昔の文献では日本よりも古く3世紀には「密香紙(みっこうし)」という紙が中国に貢納されていた記述があり、また12世紀頃には紙漉き技術が開花し、16世紀頃には日本人町もあった港町ホイアンからたくさん船積み輸出された記録もみられます。ひょっとすると、ベトナムの陶器などを使っていた徳川家康の古文書にもベトナムの紙が混じっているかもしれません。現在古い時期の文書は気候風土とベトナム戦争などの影響で少ないですが、中国やチベット、琉球などにも同種の文書が現存する17世紀頃からの「龍騰紙(りょうとうし)」とい

う、横130cmほどもある紙の継ぎ目のない黄色の皇帝の勅書は当時の製紙や工芸技術の高さを彷彿とさせてくれます。これまでは、ベトナムの文書修復に日本から薄い和紙がもたらされ使われることが多かったですし、ベトナム側もベトナムの紙は修復用には悪く、日本の和紙が良いと訴えていましたが、1997年から東京修復保存センターの修復技術国際協力ではベトナムの在来靭皮繊維ゾーを使った、昔の紙にみられる高い製紙技術を高知県紙産業技術センターで復元し使用することにしました。

他方、日本の国際協力ODAの一環で、日本の和紙製紙技術者などがアジア各地で生産性のよい日本式の製紙技法を指導しに出掛けており、伝統的ローカル紙の製作技法が総合的に調査記録されないまま和紙に制覇され、急速に失われていく心配が増しています。

確かに、10～15年前には国内で修復家、アジア地域研究者、製紙技術者などの交流や情報共有は無く、ベトナムなどの伝統手漉き紙の調査復元など考えることも出来ませんでした。数年前からやっと地域研究者、製紙技術者、修復家など専門の異なるエキスパートが一緒に現地調査を行うことが始まり、インドネシアの幻の紙ダルアン紙の現存確認など個々の専門領域では気づかない発見や、失敗を回避することの重要性が認識され蓄積されてきています。

5 アジアにおける草の根国際協力

日本での製紙の最初の記録は7世紀の日本書紀となりますが、それ以前に中国、朝鮮から紙漉き技術が伝播してきたと思われます。アジア諸国においても様々な交易、文化交流の波に乗って歴史を刻む手漉き紙やパームリーフは伝えられたことでしょう。アジア地域における資料保存分野での草の根民間協力については、まだまだ不十分で今後の発展が必要な分野であることから、参考として私の関係した事例を記しておきます。先にも申しましたように、私は少し前に急死された草地賢一氏(阪神大震災地元NGO救援連絡会議代表)の助力で1995年の阪神大震災後「阪神大震災地元NGO救援連絡会議文化情報部」「震災記録情報センター」

の各設立代表として、混乱の中でどんどん捨てられ忘れられていく平凡な暮らしの資料や、思い出の写真を「明日のために」捨てないように呼びかけ、救出を手伝うなどの支援活動をしていました。2年余の活動に終止符を打ち帰京の後、本業の傍らアジアにおける歴史文書の劣化損傷の現状把握と今後の保存修復協力のための専門家チームによる総合調査立案に参画することになりました。この調査の主眼は、アジア地域に限定してもこれまでにたくさんの機器資材の援助や単発的な専門家派遣事業がなされてきましたが、本来それらの事業の基礎となるべき専門家チームによる事前調査があり、基礎データが共有化できることが必要であるにもかかわらず、修復家から見て実際に参考になるものが乏しいという状況に一石を投じることにありました。

これまでベトナムの砕本などの保存に熱心に関わってこられた早稲田大学の坪井善明教授の尽力と国際交流基金の助成により、初回の調査は1997年8月に3週間の日程で、坪井教授、高知県立紙産業技術センターの大川昭典主任技師、アメリカNEDCC（Northeast Document Conservation Center）の修復家今井潔氏、そして私の4名でハノイ、フエ地域の歴史文書の現状とバクニン省の伝統手漉き紙工房を現地調査しました。

第2回は1998年3月に、坪井教授、大川主任技師、私の前回組に加えて、日本民藝館の三山陵氏と今後の後進育成のために若手の高知県立紙産業技術センターの遠藤恭範技師、前述の安田智子さんの計6名で中国、ベトナムを調査し、別動調査としてアジアのアーカイブズに詳しい安藤正人

ベトナム・フエで歴史文書総合調査を行う各専門メンバー

助教授(国文学研究資料館史料館)と私がマレーシア、インドネシアを現地調査しました。

その後、国際交流基金専門家派遣事業の枠組で1998年7月にオランダから1名が加わり私と2名でインドネシア・ナショナル・アーカイブ本館、分館3館が管轄する歴史文書を調査、1998年12月にアメリカから1名加わり2名でベトナム南北広域現地調査、1999年12月にはアメリカからもう1名が加わり3名でベトナム国家文書局主催全国資料保存ワークショップ講師派遣事業をサポートしました。

1998年6月にはベトナム国家文書局から総局長以下4名が損傷の著しい貴重歴史文書3冊を東京修復保存センターで修復を行うために持参来日し、ベトナム人スタッフ2名は40日間修復技術研修を受けました。また、1999年6月にはベトナム国家文書局から別の2名のスタッフが新たに3冊の損傷の激しい歴史文書を

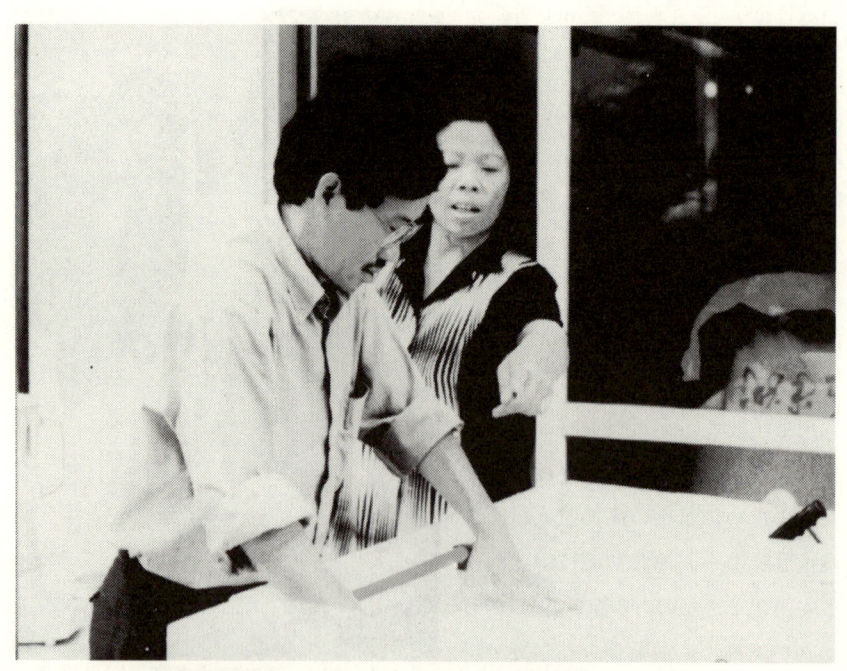

東京修復保存センターでリーフキャスティング技法の
研修を受ける2名のベトナム国家文書局スタッフ

持参し40日間修復技術研修を受けました。事業評価が高かったことから、このベトナム国家文書局所蔵の損傷の著しい歴史文書の修復と研修プログラムは2000年度まで継続する予定です。

　インドネシアにおいても、劣化損傷の著しいVOC文書を中心に修復事業を支援していくことが、国際交流基金の専門家派遣調査の結果重要と判断され、ナショナル・アーカイブに対する2000年度文化無償援助協力や継続的修復保存技術支援に発展しております。今後の在インドネシアVOC文書修復保存事業について、研究者サイドからも検証し助言を得る必要から、1999年6月には東京大学史料編纂所の松井洋子助教授他一名が私と一緒に現地調査を行い、在オランダ史料群との比較による1602年以降現存する在インドネシアVOC文書の特色と学術的価値を確認しました。今後、バッハの楽譜などと同様インク・コロージョン（Ink Corrosion: インクによる紙の損傷のことでインク焼けともいわれる）が原因で崩壊寸前の大量の在インドネシアVOC文書について、この分野では初めての修復保

1602年以降のインク・コロージョン劣化の著しい「旧バタビアVOC文書」
（インドネシア・ナショナル・アーカイブ所蔵）

存国際協力事業を官民協力して長期ビジョンをもって計画実施できることが願われます。

これまでの数年間の草の根国際協力の特徴をまとめると、複数専門領域の専門家がチームで現地調査を実施し、個別専門家調査では見落としてきた様々な重要な新事実の発見と共同ディスカッションによる多面的な理解の深化と広がりが得られたこと、現地受入機関の信頼が深まり今後の事業のプライオリティ検討や展開に具体性が付与されたこと、調査データ等の公開と共有化が容易になったこと、などが挙げられます。

6　今、わたしたちひとり一人にできること

アジアを旅することの好きな司書やアーキビスト、そして文書修復家の卵の方々は結構居られるように思っています。多くの方々は、訪問国にある本や歴史文書などがどんな状況にあり、何を現地が必要としているのかを知る機会がないために、協力の現場に踏み込む機会が「手伝いたくても」巡って来ないのではないかと考えられます。もっと、豊富なアジアの紙やパームリーフの素材や交易の歴史、資料の置かれた現状やアジアの国々が求めること、世界各国のアクティブな協力の様子や最新関連情報、人材募集情報等々が簡単にアクセスできればもっと関心も広がり、協力の形態や裾野も広がるかもしれません。また、アジアで資料保存の専門家である文書修復家として活躍したいと考えても、国際協力を前面に出した大学専門教育の機会は日本ではゼロです。このような現状をすこしずつ変えていくことが、資料保存のパイオニア世代から次の世代にバトンを送るために必要なことと考えます。

アジア各国が昨今重視してきているアイデンティティの基盤となる歴史文書の修復保存事業においても、一番多く使われている紙やパームリーフの歴史的な伝播ルートや技法の変遷など当然解明されていると思われていることが、意外と未着手課題であり調査研究されていないことが多いのです。やっと、素材自体の分析技術の向上や学際的調査研究がぼつぼつ現れはじめ、ASEANやSEACAPなど

の広域組織での情報交換も活発になってきつつあります。

　UNESCO、IFLA、ICAやブルーシールドなど国際機関の活動についての情報も簡単に入手できるようになってきましたが、実際はまだまだ膨大な情報を使いこなせる状況には遠く、情報過疎現象が解消されていません。これらの様々な課題を解消する上で重要なことはひとり一人の「人」と「人」をつなぐ「ネットワーク」のように思います。阪神大震災直後に阪神間で図書館人達が自前で「震災記録を残すライブラリアン・ネットワーク」という、必要に促された実務対応型のボランタリィー組織を発足させましたが、もっとこの手の専門集団自発型ネットワークが増えてほしいと思います。

　IFLA/PACアジア地域センターのHPもあるので、存在感のある情報収集・発信と地道なニーズを満たす地域センター活動にも期待したいと思います。

　私達の前には、小さな成果とともに大きな課題が待ち受けています。アジアでは日本と比べて何十倍の速度で虫害や熱帯性気候で劣化損傷し崩壊していく資料群が修復を必要としています。またODAやJICAなどの事業とも密接に連携した官民国際協力実施体制と高度専門技術者の育成を急がねばなりません。問題の山積する多種多様な近代記録媒体を未来に残していく研究や修復技術の開発、デジタル化時代の中で資料の保存とアクセスをどのように確保し調和させていくか。そして図書館界だけでなくアーカイブズとも連携しなければグローバル化の中での資料保存は達成できない時代に来ています。共同のナショナル・プリザベーション・センターのような組織が構想されなければならないでしょう。

　次の10年は、これまで手をつけられなかったこと、大変でやりたくなかったこと、苦手なこと…、そんな身の回りのことを探して行動をおこす人々、あるいはアジア地域で働く若い文書修復家が多くなることを望みます。

　自分ひとりででも始められることとして、インターネットの得意な人は内外の資料保存や国際協力関連情報を集め、発信して鳥の眼、虫の眼ネットワークを作ってみませんか。そして、そんな熱い思いのある若い世代の人々はぜひ、国立国会図書館に大切に保存されている『ゆずり葉』を手にとって、自分のアンテナに何かをキャッチしてほしいと思います。

【参考文献】
⑴　坂本勇「消えゆく南方地域にある歴史資料」『びぶろす』Vol.44 No.8 （1993）
⑵　Iron-gall Ink Corrosion, Museum Boijmans van Beuningen, Rotterdam, 1997.
⑶　『アジアにおける歴史的文書史料の修復保存総合調査　第2回調査団報告書』東京修復保存センター（1998）
⑷　『ベトナムHAN-NOM歴史文書修復報告書』東京修復保存センター（1998）
⑸　『Report of the Workshop "Ink Corrosion on Paper"(日本語版)』　東京修復保存センター（1999）
⑹　『ベトナムHAN-NOM歴史文書修復報告書』　東京修復保存センター（1999）

【講演】

国際的な保存プロジェクトの課題
―インドネシアの事例から―

＊
アラン・ファインスタイン
(国際交流基金アジアセンター専門調査員)

1. はじめに

　私は、インドネシアや東南アジアにおけるマイクロフィルムプロジェクトのうち、私が直接知っているいくつかを例にとって、図書館資料および文書資料の保存に関する国際協力の課題についてお話します。私は図書館員、紙の保存修復家、マイクロ撮影の専門家としての訓練はいずれも受けておりません。私は、ジャワ文学・音楽の歴史問題を実地調査する研究者として（1970年代半ば～80年代半ば）、その後スラカルタやジョグジャカルタのいくつかの公立・私立図書館における手稿の目録作成やマイクロ化プロジェクトのコンサルタントとして（1980～81、1986～87）、そしてのちにはフォード財団東南アジア地域事務所でインドネシアの文化保存における補助金準備を担当するプログラム・オフィサーとして（1987～1994）、さまざまな問題に対処してきました。ここでは、有益と思われるいくつかの視点、すなわち、文書資料の外部利用者としての視点、歴史的情報を文書によって証明しようとする研究者としての視点、保存・ドキュメンテーションプロジェクトの企画、実施を援助する外部コンサルタントとしての視点、そして最後に、プロジェクトに対する資金援助およびその成否の評価を担当する

者としての視点から、こうした問題を論じたいと思います。ここでは、「外部」の援助、または「外部者」と地域の「内部者」との共同作業についてお話するつもりですので、「外部者」としての経験が有益かもしれません。私は保存修復家ではないことをお断りしておきます。マイクロカメラを使ったこともありますし、紙資料を修復しようとする努力にも関わってきましたが、保存修復家としての専門知識もありませんし、訓練も受けておりません。

2．保存－何を？誰が？誰のために？

手稿

　インドネシア固有の文学、史書、宗教的慣習、伝統的医術－これは知識体系のほんの一端ですが－の大部分は手稿の形でしか存在しません。手稿はその性質上2つと同じものはありません。1つの原文の写本が複数あったとしてもまったく同じものは決してなく、さまざまな写本が残っていることが、原文の歴史や意義を再構築する際にはとても重要になります。インドネシア諸島の多くの言語には1000年前またはそれ以前から文字があるため、そのような手稿はかなりの数に上り、重要性も大きいのです。石や金属など耐久性のある物質に記された銘を除け

ば、インドネシアのほとんどの手稿は理想的な状況下でさえ2～300年ももちませんが、手稿に書かれた古い原文は、書き写し、それをまた書き写すという伝統によって、世代から世代へと受け継がれました。しかし、19世紀に社会的・文化的に大きな変化が起こり、それとともに書き写す伝統はほとんどすたれてしまっています。

印刷物

　手稿の他にインドネシアで印刷され、今やたった一部しか残っていない何万もの自国語及び他国語の本についても考えなければなりません。18～19世紀に起源を持つ公立・私立の図書館（たとえば、中央ジャワのスルタンの王立図書館、スマトラのモスク図書館、ジャワのイスラム塾図書館、シンガラジャ、マカッサル、ボゴール、ジャカルタにある植民地時代の図書館など）は、たった一冊しか残っていない印刷本や逐次刊行物を膨大な数所蔵しています。その中には、Anewsprintと呼ばれる、機械で作成した質の悪い紙に印刷されたものが多くあり、最高の環境下でも保存が難しいことで大変有名です。書き写す伝統が衰退し、ほかに2つとないかなり多くの印刷物が劣悪な状態にある結果、残っている手稿や本が朽ちて読めなくなってしまえば、マイクロフィルムのようなより耐久性のある媒体にその内容を移さない限り、世界の知的遺産の小さなしかし重要な一部が確実に跡形もなく消えていくでしょう。

脅威への対処

　インドネシアや外国の学者、図書館員、または愛書家は、インドネシアにある手稿や本の遺産に対する恐ろしい脅威に気づかなかったわけではありませんが、その脅威に対処しようとする試みが実際にされるようになったのはほんのここ15～20年のことです。これらの試みには、貴重な資料を永久保存マイクロフィルムに組織的に記録したり、歴史的・工芸品的価値があるものを修復する専門知識を向上させたり、保存環境を改善してそれ以上の劣化を防いだりするプログラムなどがあります。これらのプログラムについて、以下に詳しく述べようと思います。

外部者？

　ここでポイントとなるのが、これらのプログラムの着手、計画、そしてしばしば実施のうえでも、外国の個人（学者、図書館員、保存修復家）や機関が非常に重要な役割を果たしてきたということです。しかし、だからといってすべてのインドネシア人が無関心であるとか、インドネシアの学者、図書館員、保存修復家、あるいはインドネシアの機関が怠けていたという結論に飛躍したくはありません。ただ、彼らは小さくて弱い少数派です。そして、この事実を外国人が忘れがちであるために、結果として、外部者による計画（援助プロジェクト、コンサルタント業、制度的支援）が最終的に失敗に終わってきましたし、いまだ失敗に終わっている可能性があります。

地域的無関心

　問題が単なる資金不足ならば、解決するのは難しい事ながらも不可能ではありません。それは、資金が適切な手に渡るかどうかの問題です。しかし、ことはそう単純ではありません。なぜなら、一般的に、自国の資料を保存することに対して関心が払われていない、という事実に対処しなければならないからです。無関心である要因のひとつは、伝統に反発する姿勢が一般にあることです。インドネシアのように貧しく、歴史上経済的に恵まれなかった植民後の社会においては、過去の束縛を投げ捨てて真に「近代的」になりたいと願うのは珍しいことではありません。多くの人々にとって、一般にはもう使われない文字で書かれた、ほこりにまみれた手稿や本を研究することなどおかしな逆戻りなのです。せいぜい、「誰かがそれをするのはいいことだし必要だけど、私でなくてよかった」と言うくらいのものです。なぜなら、実際、文献学者、歴史家または図書館の保存修復家という職業につきたいと思わせる動機がほとんどないからです。収入は少ないし、それに付随する社会的名声もほとんどありません。

地域固有の「保存」と知識人の「保存」

　さらに保存に対する地域の姿勢は、単なる職業的経済的要素以上に複雑です。

文化的知識の喪失を防がなければならないということは「知識人」にとっては当然のことであるにも関わらず、このことを問題視する認識が一般に欠けているのには、それがインドネシアの一般大衆、政策担当者、および（ひとつの例として）図書館の予算管理者の誰であるにしろ、複雑な地域文化に根があります。

　これは「保存」という概念についてのパラドックスで、暗黙の「地域固有の保存」と、言葉で明確に表す外来の「保存」との一種の衝突です。植民地時代以前の社会・文化システムでは、伝統は時間の経過とともに「保存」され、したがって「喪失」はシステムの一部であると仮定されていました。アイルランド系マレーシア人の学者アミン・スウィーニーは、手稿を物理的に保存するという概念は、一般にインドネシア諸島においては異質の概念であると指摘しました。「マレーの伝統では…その気候のために、手稿は本来使い捨てのもので、物理的に保存するよりも書き写すことで保存するものでなければならなかった。西洋の学者は、手稿をヨーロッパに移すことで、過去の遺物または遺物となるべきものとして物理的に確実に保存し、『マレー文学の歴史』を創り出してしまった」（1991）。

　このように、植民地時代以前には原文は書き写されていました。なんらかの理由で、それらが人々にとって大切だったからです。これらの「写本」は複写ではなく、実際には「再創造」であるということが、この社会・文化システムの一部として組み込まれていました。さまざまな面で制約はありましたが、新しいものの導入と創造性は（したがって喪失も）システムの一部だったのです。

植民地主義、伝統の発明、そして「喪失」
　植民地の経験をしたことで、以前はなかったところ、またはより複雑だったところに、伝統が時に定着し、あるいは「考え出される」ことさえありました。ジャワ宮廷における文学、芸術、哲学の伝統にはヨーロッパの要素が色濃く混じるようになりました。少なくとも、オランダの（およびその他の西洋の）考えと相互に影響しあったり、それに反発したりしつつ、集成として、正典として形成され

ました。

　適切な例としては、たとえば宮廷または貴族の家などにある、図書館という考えがまさにそうです。従来、本のコレクションは権力の宝庫と考えられており、また、そうしたコレクションは力があるために、秘密にされ立ち入り禁止にされていました。19世紀末になって、ヨーロッパの知識体系に強く影響されたジャワの貴族たちは、図書館を建設し、西洋で一般に考えられている図書館により近い意味でそれを利用したいと願うようになりました。すなわち、知識の宝庫として学習の拠点として、開放するということです（最初は特権階級に生まれた人々にだけでしたが、後にはより多くの「一般の人々」に対していくらかは開放されました）。

　「ジャワの伝統」が次第に形成・固定され、図書館のような機関が設立されるとともに、「喪失」「脅威」「保存」という概念が最初に入ってきたのだと思います。オランダの学者たちは、19世紀の半ばから、ジャワ文学の伝統が「崩れ」、「劣化」していると述べていました。ジャワ文化に対するヨーロッパの関心が高まるにつれ、ヨーロッパの学者たち、それからジャワの学者たちは、伝統が「失われる」危機を認識し始めました。手遅れになる前に「保存」する努力をしなければなりませんでした。したがって、ジャワ音楽の作品を書きとめなければなりませんでした。さもなければ「失われる」からです。宮廷舞踏の振り付けを収集し、表記しなければなりませんでした。そうすれば、「純粋」と「真正」は保たれるのです。

　したがってヨーロッパ人は、正典化と保存を目的に、「伝統的な」基準（この基準では、写本をする人に、原文を解釈し、また再創造さえする大きな自由がありました）ではなく、言語学的正確さをもつ外国の基準に従って、多くのマレー語およびジャワ語の原文を写しました。ヨーロッパ人は、（たとえば、ヨーロッパ圏外で最も早く設立された協会のひとつで、インドネシア国立図書館の前身である、植民地時代の王立バタビア芸術科学アカデミーにおいて）彼らの下で働くインド

ネシア人を教育し、民間の手から集めた手稿の「正確な写本」を作らせようとしました。機械的複写に相当する写真や電子式写真による複写を行う前の時代のことでした。このようにして、図書館では、ヨーロッパ人または西洋化した学者によって写本をする人たちに対し「正確に」写本することが教えられ、そこはもはや隠れた権力の中心地ではなく、正典を保存する場所となりました。

植民地主義と「近代性」

「心の植民地化」のもうひとつの効果は、「近代性」に対する一種の盲目的信仰です。ヨーロッパが、発展と進歩の明確な模範となりました。もちろん、民族主義者が台頭した時期−それはオランダの教育や訓練を受けた知識階級が指導したのですが−には、ヨーロッパ的なものへの反動があり、その苦闘の中でいかに固有の伝統を誇り、また独立の源になっているのか理解しようとする試みがありました。

1930年代初期の有名な「文化論争」において、一方は、インドネシアの近代国家としての未来はその封建的、専制的で無知な過去に背を向けることでしか果たせないと主張しました。もう一方は、将来のインドネシア精神、インドネシアの「民族」文化の定義は、その輝かしい過去になければならず、将来よりよい民族文化を形成するために過去を知ることは、インドネシア人の義務であると主張しました。皮肉にも、この2番目の立場−これは、世界の他の地域に数多くある「原住民保護主義者」の民族主義に似たところがあるのですが−をとるということは、ジャワの（およびインドネシアのその他の）伝統の「精髄を表し」、ヨーロッパ化された知識人たちが前世紀に作ったように、伝統を固定し、そしてかつては存在しなかったところに伝統を「創造」することでした。

「発展の時代」における保存

スハルト政権下の、いわゆる「新秩序体制」の約30年間は、外国の援助や資本が流れ込み、経済的に大きく成長した時期でした。体制の宣伝者たちはインドネ

シアの過去（新秩序体制はかなりジャワ中心でしたので、これは「ジャワの過去」と思ってください）の壮麗さや伝統的価値観を保存する必要性について長年喚起し続けていましたが、それは力のない美辞麗句でした。新秩序体制には、史実に反対する傾向が強くありました。こうした傾向は、抑圧的で暴力的な自分たちの足跡やはじまりを覆い隠そうとする専制政権にはよくあることです。ある種の歴史は書くことができましたが、それ以外の歴史を書くことはできませんでした。本質的なジャワ／インドネシアの過去を真に問うことはできませんでした。そのような状況下で学問はほとんど奨励されず、空虚なスローガンやイデオロギーが増えるにつれ、教育制度は、知的な意味において、さまざまな面で破綻しました。発展のイデオロギーはまた、人文科学や歴史の価値を低く見、インドネシアが他の国々のように「近代的」で裕福になるときを心待ちにしつつ、発展の「離陸」理論を提唱したのです。

加えて、インドネシア政府および社会のあらゆる面にはびこり染み渡っている腐敗について、述べなければなりません。利益を生む経済分野（石油、鉱業、木材開拓、銀行業）の官僚は腐敗していることで有名でした。図書館を運営し資金援助をするのは教育文化省ですが、この省のようにより利益の少ない分野では腐敗はあまりありませんでした。ここでまた、図書館の保存修復家のような一見無味乾燥で資金的にも報われないものに人々が関心をもつ動機がないという、さきほどの経済議論に戻ってきます。私が1980年代半ばにインドネシア国立図書館複写部でコンサルタントとして働いていたころは、公務員としてもらっている給料では職員は家族を養うことができませんでした。カメラ操作係の1人は、家計のために、夜はモーター付き輪タクの運転手をしていました。

要するに、インドネシアのこのような歴史的、経済的状況において、保存に対する意識を高めることはおぼつかないということです。歴史資料やそれを所蔵する図書館・文書館に対する姿勢、過去に対する姿勢、「喪失」とアイデンティティーに関する、そして「近代性」または「近代的」になることに関する姿勢、経済的

動機あるいはその欠如、すべてが要因に入ります。明らかに、ここは、知識人の言う意味での「保存に対する意識」を高めるのに肥沃な土壌ではありませんでした。

3．国際援助：動機、着手、戦略

外部者と内部者

　残念ながら、外部者（学者、図書館員と保存修復家、資金援助者）が介入する際に、これらの不可欠要素が必ずしも彼ら自身の方程式の中にとり入れられているわけではありません。ここでは、自分たちの歴史・文学記録を保存しようとしているインドネシア人を援助する上で、外部の組織が果たす役割について考えます。

　外国の資金提供者は、特にそれが政府の場合、無私な動機からこの慈善的努力をすることが多いのですが、時には、ほかにもっと利害関係のある動機があることもあります。オランダや日本のように以前インドネシアを植民地としていた場合、動機は殊に複雑です。かつてはインドネシアを搾取していたということから、図書館での保存を含め（これはODAの優先リストの中ではとてもとても低い位置にあると思いますが）、インドネシアがさまざまな社会上、経済上、文化上の課題に対処する上で、これらの国が喜んで援助するのはとても自然ですし適切です。この種の「償い的」動機は、おそらく時間が経つとともに弱まるでしょうが、この動機に混じっているのが、自国とインドネシアの関係の歴史を理解したいというもうひとつの動機です。そうした歴史はもちろん、残存している多くの文書に反映されています（そして上記で論じたように、ある意味ではそうした文書の本質的な部分です）。

　これら政治的側面は心に留めておくべきではありますが、あまり詳しく書く必要はないでしょう。しかし、地域の姿勢が協力的であるにしろそうでないにしろ、

あまり政治的でない別の動機から歴史的資料を保存しようとする際に、先頭に立つのはたいてい外国の学者や外国の図書館であるという傾向があります。このように、たとえ地域の学者がその地域の資料に関心がなく、地域の機関が研究や保存に関心をもたない、あるいは研究や保存をすることができないとしても、実のところ外部者が関心を持っているかもしれません。そしてそのような外部者の「私欲」が有益な効果を上げるかもしれません。なぜなら彼らは、資料を保存するため、少なくとも自分が関心を持っている資料を保存するために必要な資金を集め提供できるからです。

外部者による保存活動は搾取的になりうるし、そのようにとられる可能性があります。学者は自分が必要なものを保存し、自分自身の資料を集めて持ち帰り、分析し、フォーラムでその結果を発表します。そうしたフォーラムでは、地域の「資料所有者」または保存所は締め出されることが多いのです。しかし、公平を期せば、多くの学者はこの形態に甘んじていようとは思っていません。彼らは地域の能力を向上させ、地域の姿勢を変えようと思うようにさえなりました。書物の遺産を保存するためにインドネシアを援助するよう自国の政府や団体に主張しています。

実際、保存のことを気にかける人々は地域にいるのですが、彼らは少数派で、たいていまたはしばしば力がありません。そこで、その少数派にいかにして権限を与えるか、彼らとそして彼らを通していかに作業をするかが課題になります。なぜなら、実際外部者は触媒として貢献するだけで、真に長期的な保存作業はできないからです。そうした作業は、地域に根付いたものでなければなりません。そうでなければ地域の現状や姿勢を考慮しないプロジェクトは失敗するか、よくて個々の症状の「バンドエイド」的解決にはなるでしょうが、その根底にあるより大きな問題の解決にはならないでしょう。

外国のプロジェクトの業績

　それでは外国主導のプロジェクトはどのような業績をあげたのでしょうか？ それらのプロジェクトはどのように行われてきたのでしょうか？ プラスの面では、私がいくつかのプロジェクトに関わっていく中で、それらのプロジェクトは仕事の負担を「土着化」させ、その地域の能力を高め、教育するという傾向にあります。ほとんどのプロジェクトは、実際に外部者のイニシアチブで始まり、外部の資金提供者が資金を援助しました。また、その地域から地域の言葉で出版し、保存問題を積極的に一般の目に触れさせ、注意を促し、一般国民や政策担当者の姿勢を変えるべく働きかけるように努力もされています。後には、より大きな成果をもたらすよう相互の協力関係を築き、ネットワークを作り、同じ意見の人々や組織をまとめようとしました。

　外部の介入があった図書館ではたいてい、目に見える直接的な恩恵があります。たとえばソロ王宮プロジェクトは西洋主導のプロジェクトでしたが、最終的には人々が教育を受け、その中の数人は今もそこで働いています。図書館が清潔になり、本の保管状態がよくなり、環境が向上し、いくらか利用しやすくなりました。しかし、実際、それはまだ公共図書館では行われておらず、このような個人的なコレクションの例から一般的なことを推定するのは難しいことです。いずれにせよ、それでも世界中の学者がソロ王宮プロジェクトの産物である貴重資料のマイクロフィルムを、インドネシアや外国の公共図書館で見ることができます。個人的なコレクションをフィルム化する場合、個人のコレクションは海図に載っていない海であり、実施が非常に難しいのです。西ジャワや南スラウェシにおける成功は注目に値するもので、以前はほとんど知られていなかった膨大な数の資料を、今では利用することができます（西ジャワの場合、目録はまだ出版されていませんが）。

　ジョグジャカルタの博物館、インドネシア大学の図書館、国立図書館のより公共的なコレクションの場合、その成果は、玉石混交ですが疑いなく希望の持てる

ものです。外国人（ティモシー・ベーレント）率いる大人数のチームが多大な努力をし、その結果、書誌コントロールが向上し、大半の資料がマイクロ化され、目録や検索補助資料が出版され、データベース化のコンピュータ入力が始められました。このデータベースはいつかオンラインへ移行するでしょう。しかし、書庫の状況は標準以下で、危険な化学薬品を使った「予防」のための燻蒸はいまだ日常的に行われています。そして最も残念なことは、提供された資金の多くが教育に費やされたにもかかわらず、教育を受けた人たちは最終的にはその機関の別の仕事についたり、辞職して他の（ときには別の分野の）職場に移ってしまうのです。悲しいことに職員の収入はいまだ少なく、このような状況下では訓練を続け入念な保管をするのは難しいことです。直接得た知識ではありませんが、最近の経済危機が、疑いなくこうした構造をさらに進めています。

　現在最大の問題のひとつは、マイクロフィルムの保存が標準以下であることです。もちろんこれは紙資料にも当てはまりますが、フィルム、特に永久保存ネガフィルムにはずっと厳密な保存環境が必要なのです。フォード財団が資金援助をしたマイクロ化プロジェクトに対する評価が最近行われましたが、それによって国立公文書館における恐ろしい状況が明らかになりました。国立公文書館には、いくつかのそうしたプロジェクトによるオリジナルのネガフィルムが保管されています。評価をした、オランダのリンデンにある王立言語学人類学研究所の図書館員ロジャー・トル博士は、フィルムが非常に劣悪な状況に保管されているため、すでにひどく劣化し始めていると報告しています。すぐにフィルムを清潔にし、保存施設を改善して被害をくいとめ、安全のため余分にコピーを作って外国で保管するよう彼は勧めています。実際、ほとんどのプロジェクトにおいて、「安全のための」コピーがすでに外国にありますが、これらのコピーは普通サービスのためのもので、公文書としての品質はないでしょう。トル博士はまた、個々のフィルムまたはフィッシュをアルミニウム（マイラー）の入れ物の中に密封する実験を、国立公文書館、国立図書館やその他の施設に勧めています。この方法は、カナダが資金援助をして1980年代初期から今も続いている、インドネシア科学研

究所 (PDII/LIPI) の図書館におけるプロジェクトで実施されたものです。この技術はすぐに利用できますし、フィルムの保存環境を維持することに比べれば、ずっと成功するように思います。

4. 個人的評価

ここでは、インドネシアにおけるさまざまなマイクロフィルム保存プロジェクトの成功を、私の外部の研究者（利用者）、プロジェクトのコンサルタントおよび着手者、外部の資金提供者、といった立場のそれぞれの視点から、いかに評価するか自問自答します。

研究者の視点から

ジャワ、バリ、スマトラ、スラウェシからの何万という手稿がフィルムに記録されていることを、利用者そして研究者として嬉しく思います。シカゴ、イサカ、キャンベラ、ライデン、ロンドンといった世界中のさまざまな場所で、それに加えてもちろんジャカルタやフィルムの保管所自体において、研究者としての私はこれらのフィルムの多くを便利に閲覧することができます。事実、ジャカルタは、インドネシアの手稿に関する研究において世界の中心になりつつあります。それは、ヨーロッパやオーストラリアにあるものも含めて、インドネシアの手稿のフィルムをすべて閲覧することが理論的には可能だからです。現在は検索補助資料や目録、電子化されたデータもいくらか利用できるので、私が1970年代末から1980年代に行っていたような研究を現在しようとしている人にとって作業はずっと容易でしょう。利用者の視点から見るといくつかのマイナス点があります。一例はフィルムが標準以下であることです。たとえば、国立図書館は、SEAM（シカゴの研究図書館センターに本部のある東南アジアマイクロフォームプロジェクト）が資金を援助し私が仲介をしたプロジェクトで、その蔵書中のインドネシアの新聞を何百、おそらく何千リールもフィルム化しましたが、標準以下のフィルムがときどき使用されています。それに、現物はフィルム化の過程で粗雑に扱わ

れ、その段階でかなりもろくなっていたため、また現物が書庫の中の正しい位置に戻されなかったため、今では探し出したり読んだりすることが不可能ではないにしても非常に難しいものも、現物や複製の中にはあります。これは悲劇であり、その全容はいまだ知られていません。

プロジェクト・コンサルタントの視点から

　プロジェクト・コンサルタントとしても、私は一種の満足感を感じることができます。概ね、すべてのプロジェクトは計画通りに進みましたし、計画していた成果が得られました。しかし、これらのプロジェクトの多くは、公正に評価するには、その目的が限定され過ぎていたか（フィルムを製作、合衆国またはジャカルタへ送付、目録を出版、そしてプロジェクトは終了）、あるいは欲張りすぎであったり、漠然としすぎていました。下に挙げるように、関係機関が1970年代に直面していた問題は1990年代になってもほとんど改善がみられません。

資金提供者としての視点から

　資金を提供する外部組織の視点からも、状況は多かれ少なかれ肯定的であると言えるでしょう。しかし、資金準備をする組織について、そしてその組織が自分たちの仕事を評価する方法について、あまり知られていないある事実があります。それは、そうした組織は、悪い知らせは聞きたがらず、自分たちの資金が適切に、効率よく使われなかったことを認めたがらないということです。人は誰でも、情報を受け取ったり、それを再び発信したりする際に正確であろうと気をつけるのは当然だと思っているでしょうから、このことはショックでしょう。また、たいていの人は自分の判断や計画の間違いを認めたがらないものなので、理解もできるでしょう。基金や、政府も含めた他の資金提供者もそうだと思うのですが、資金提供を受けた者やコンサルタントが、基金の慈善がいかに実行されたかについてばら色の報告をすると、それを信用しがちです。公平を期するため、フォード財団には、財団が資金を提供しているプロジェクトで何が行われているのか、どのような成果があったのかを外部に評価してもらう仕組みが多くあります。

フォードが資金を提供してライデンのトル博士が行った評価はそのような報告のひとつであり、かなり率直な報告ではありますが、プロジェクトの企画者に対して点が甘いですし、このような保存プロジェクトの着手、実施における外部者の相対的な役割に関する問題をまったく取り上げていないと言いたいと思います。

5. インドネシアにおける緊急課題

　ここまで、私は自分が関与したプロジェクトに関して、詳細を説明する紙面の余裕はほとんどなかったのに、生意気にも非常に個人的なものの見方をしてきました。また、保存プロジェクトで「内部者」を援助しようとする外部者にとって地域の事情をよく理解することが必要であるとここまでずっと主張してきました。ここでは特にインドネシアで目にする問題をいくつか挙げてみます。次のセクションで教訓をまとめたリストを説明するつもりですが、それはアジアの他の地域で進行中あるいは計画中のプロジェクトにとって、おそらくいくらか役立つのではないかと思います。これは決して網羅的なものとしてではなく、問題になる「徴候」を指摘するために提示するものです。

- インドネシアでは、訓練を受けた修復保存家、カメラ操作者がまだ不足していますし、専門の書誌作成者もひどく不足しています。地域に研修所はほとんどないので、志望者がそうした研修に対する適性や素養を欠く可能性があったとしても、ほとんどの訓練は「実地に」なされます。私が指摘する必要はほとんどないくらいですが、図書館員、書誌作成者の知識の低さはゆゆしき問題です。しかし何が「貴重書」（例えば印刷本の資料の場合）であるか決定しなくてはならないのは彼らなのです。実際、同じ機関の中においてさえ、図書館員と修復家との間の連携協力はほとんどありません。また、例えば海外で高度な研修を受けた人がいても、悲しいことに彼らの技術は活用されないことがしばしばです。このような地位にある人々の給与は不当に低く、専門家としての彼らの仕事にほとんど威信はありません。

- フォード財団が資金を援助したプロジェクトが機関ネットワークを奨励しても、助成金が尽きるとネットワーク化への努力も終わってしまったように見えます。この言い方がきつすぎるとしても、機関（インドネシア国立図書館、国立公文書館、インドネシア科学研究所、地方の図書館・博物館）間のネットワークはまだ形成初期の段階です。それゆえ、機関同士の学習交流はほとんどありません。例えば、インドネシア科学研究所ではIDRC(カナダ国際開発研究センター)のプロジェクトによって真空パックの袋を使用することが効果的だとわかりましたが、他の図書館ではその方法がまだ採用されていません。同様に、例えば資源を出し合って通常の撮影の負担を分担するようなこともほとんどなされていません。そうすれば実際に利益を出しながら撮影できるでしょうに。手に入る資源が非常に低水準であることを思えば、これほど労力が重複しているのを目にするのは大変悲しいことです。
- もっと「利用者」側に重点を置くべきです。誰のために資料を保存しているのでしょうか。フォード財団の別のプログラムでは、数ある計画の中でもとりわけ奨学金や出版助成金を提供して、研究者、学生、作家達が手稿資料に関して研究するのを奨励しました。このような努力により多少成果があがりましたが、基本的には評価されないまま終わりました。このような努力を継続強化させる必要があります。
- 機関の保存対策予算はいまだ不当に低く抑えられています。そして、外部の専門家の警告にも関わらず、不要で危険でさえある「予防的燻蒸」や不可逆的なラミネーションといった措置に資金が浪費されています。
- 中性紙での出版の必要性や酸性紙使用の危険性に対して、出版者側の共通した認識はまだありません。中性紙業界の発展を熱心に促したり、中性紙原料の輸入を考えたりするインドネシアの図書館員や文書館員によるロビー活動もほとんどありません。しかし現在の経済危機の下では、経済的側面を考えると気が遠くなりそうです。これが実行されるまでにはおそらく何年もかかるでしょう。
- 外部資金のおかげで、保管条件、労働条件、実験室等についてささやかな進歩

が見られます。しかし予防についてはほとんど進歩がなく「十分なハウスキーピング」といった単純なことに関してさえ、ほとんど何もなされていないように私には思えます。例えば人々はいまだに貴重書の書庫に食物を持ちこみますし、個人的な欲求に合わせるために書庫の空調設備を切ってしまいます。私の意見では、インドネシアの国の中心的なマイクロ保存庫になるはずだった国立公文書館のマイクロ保存庫改善の失敗は国家的惨事です。

- 資金提供者は個別に資金助成をし続けています。こちらで紙の修復に関するワークショップがあるかと思えば、あちらで海外の紙の修復専門家による調査が行われ、こちらである人に奨学金が贈られると思えば、あちらではまた別の「研修の機会」があるといった調子です。1980年代の終わりに、フォード財団と国際交流基金がインドネシア文化に関する資金提供者の協会を立ち上げましたが、実を結ばずに終わってしまったようです。インドネシアの機関側にネットワークがなく、さまざまなプロジェクトから学習し合うことがないのを反映して、資金提供者もあまり実績を上げられていないようです。
- 最後に、全国的に教訓が共有されることもほとんどありませんでした。これも資金提供機関、またCONSAL(東南アジア図書館人会議)、SARBICA(国際文書館評議会東南アジア地域部会)、IFLA(国際図書館連盟)等国際機関の活動の弱い点でもあると思います。

6．他のプロジェクトのために：教訓のまとめ

1970年代から1990年代のインドネシアにおける保存プロジェクトから引き出せるであろう教訓をまとめの形で説明しようと思います。

- 外部の学者、専門家、資金提供機関は地域の姿勢について現実的である必要があります。圧倒的な無関心さを前にしては、外部者ができることには限りがあります。そのような場合には、実際のプロジェクトを始める前にまず地域の人の姿勢を変えなければなりません。あいにく、学者、専門家そして資

金提供者は、姿勢のほうが追いつくと思い、プロジェクトを時期尚早に進行させたがります。これは多くの場合希望的観測にすぎません。

- 努力は持続可能なものでなければなりません。つまり長期計画が必要です。インドネシアの資料保存分野では個別の介入が数多く行われています。外国大使館は自国の一流機関からさまざまな専門家を派遣するのが大好きであり、受け入れ側の機関は提供されたものは軽率に何でも受け入れます。だからこれまで保存環境、基本的修復、段階的保存等について無数の講演がなされてきました。それらそのものの価値をけなすものではありません。しかし、地域機関が何を必要としているか、彼らに何を提供するのがふさわしいか、他の者も彼らに何を提供しているかについての認識はほとんどありません。派遣された専門家や彼らを派遣する者は、努力した後ではおそらく「気分がよい」でしょうが、現実にはほとんどあるいは何も効果がないことがよくあります。同様に、資金提供者は、それがどんなに精巧なすばらしいものであっても、1、2台機械を供給するだけで持続的な効果があるという考えを捨てなければなりません。（私自身、インドネシアの国立機関に寄贈するために、日本政府の資金を使って日本で購入された機械が、ただ遊んでいたり壊れていたりいろいろな事情で使われなかったりしているのを見てきました。）

- 外部の資金提供者や国際機関は、政策決定者の姿勢を変えるように働きかける必要があります。実際、外部の資金提供者への依存を徐々に減らすためには、できれば書面で、資金提供対象国の予算を段階的に投じるという保証があるべきです。そうでなければ、現地の政府や機関が自前の資金を投入する余地は皆無で、全体が完全に資金提供者に依存するということを両者とも最初から承認すべきです。少なくともそのほうが正直なやり方です。通常のやり方は誤解を与える約束であり、それを資金提供者がまた喜んで受け入れてしまいます。（資金提供者というのは資金を寄付するのが仕事だということを忘れてはいけません。）

- 人材育成をあらゆる保存計画の中の中心としなければなりませんが、それは現実的である必要があります。どうしたらこの職業を昇格させられるか、ど

うしたら給料を妥当なものにできるか、どうしたら社会的評価が上がるのか。このような論点を考慮に入れなければ、最良の研修を受けた人でも、その技能や経験を評価しない環境では働くのを期待することはできません。例えば海外で研修を実施する前に、研修生が本人がもといた機関に戻るよう義務付け、自国機関は研修生を適切な仕事につかせて研修を活用するように義務付けるというような契約を結ぶべきです。

- 資金提供者とプロジェクト設計者は、国際的にも国内的にも、資源共有にもっと注意を払うべきです。外部資金提供者も共有を奨励し、地域の受給者やプロジェクト指導者は、たとえそれが国の誇りを抑えつけることを意味しても、その利益を理解して受けるべきです。例えば、ネガを機関外、さらには国外で保存する、海外（理想を言えば同地域内の）で研修を受ける、適切な施設や資料や研修を受けた職員なしにどうにかやっていくよりも、より恵まれた（インドネシアの場合、シンガポールやマレーシア等の）近隣の施設を使う（整理や保管等）、外国の機関だけが利益を受けないような公平な協定を先進国と取り結ぶ（地域の所蔵館の状況について一顧だにせず、自館の蔵書を改良するとても恥知らずな海外の図書館もあります）、等です。

- プロジェクトは利用者とアクセスに焦点を合わせなければなりません。計画する側は資料が誰のために保存されているのかを最も考えるべきです。どのようにしたら人々は莫大な費用をかけて保存した資料を使う気になるでしょうか。利用者の意識をどのように高めるか、どのように彼らによりよい書誌ツール、よりよいアクセス、よりよい保存環境を求める運動をさせるかも問題です。実際の保存修復技術戦略と並行してこのような関心も育成しなくてはなりません。

- 知識人的な保存の概念は土着化、地域化されなければなりません。一方、外部から介入しようとする者は、その地域の保存の概念や習慣を考慮しなければなりません。知識人的な価値観と地域の価値観が一致するとは限りません。地域の事情は微妙な差異にまでわたって理解しなければなりません。地域の価値観は重要です。尊重し、考慮に入れなければなりません。

- 文書館や図書館のような政府機関は、信頼できる所蔵庫として人々に信用される必要があります。人々は通例、自分の記録や自分の地方の歴史に関心を持ってはいますが、それを無関心で腐敗して能率が悪く、不経済で有害でさえあるように思える国家レベルの政府機関に預けたいとは思いません。地域社会、地域の資料所有者、地域の読者が努力の中心にいなければなりません。彼らを理想化された匿名の「子孫」という概念で置き換えるべきではありません。
- 資金を必要とし、求める人々は、資金獲得、資源共有、論点の組み立てとその明確化、そして成果を示す方法において、より戦略的である必要があります。資金提供者は、自ら進んで、細切れにではなく長期的に取り組まねばなりません。
- 例えばデジタル化のような最新技術による方法の誘惑は我慢しなくてはなりません。それらは実験してもよい、あるいは実験する必要はありますが、「万能薬」としてすぐにとり入れるべきではありません。新しくて多くの場合高価な技術を扱うときには、地域の能力を考慮しなければなりません。実際にコンピューターを使用できるのは誰なのでしょうか。現在加速度的に新技術が時代遅れになっていますが、そうした場合何が起こるのでしょうか。外部の資金提供者は、自国の技術や製品を売りこんで自国の商業的利益を代表すべきではありません。地域に適した解決法を継続的に発見し、実験し、とり入れ、共有する必要があります。
- 資金提供者も受給者もプロジェクトの評価にもっと注目するべきです。今までそれが弱かったので、無駄、非効率、腐敗が助長されていました。
- プロジェクトは資金提供者主導であるべきではありません。地域の強い関心がなければ、必ず失敗します。
- アメリカ、ドイツ、フランス、日本の資金提供者は、15年から20年にわたり、インドネシアのほか、タイ、ラオス、ベトナム、ビルマ、フィリピン等の国で手稿をマイクロ化する似通ったプロジェクトに資金を提供してきました。しかし、学習交流、経験の共有、共通の問題や課題についての話し合い

はほとんどしてきませんでした。骨格は絶え間なく作り直され、ほとんど前進していないのです。この状態のままにすべきではありません。このIFLA/PACのシンポジウムや2000年2月にチェンマイで開催が予定されている資金提供者、実践家、国立図書館や文書館の職員の会議が、これらの問題と課題に取り組む場になればと思います。

私の経験を分かち合う機会に感謝し、これが建設的な話し合いと継続的な対話を刺激する契機になればと思います。

【講演】

国立国会図書館の保存協力プログラムと今後の展望
― IFLA/PAC アジア地域センターの活動を中心に ―

米村 隆二＊

(国立国会図書館資料保存対策室長)

1. IFLA/PAC アジア地域センターの開設

　1986年に設立されたIFLA(国際図書館連盟)のコア・プログラムの一つであるPAC(Preservation and Conservation)のアジア地域センターを国立国会図書館がお引き受けしたのが、1989年のことでした。オーストラリア国立図書館も時を同じくしてアジア・オセアニア地域のPACセンターとなっております。

　これからお話する中でこのPACという言葉が頻繁に出てきますが、IFLAコア・プログラムの一つである資料保存プログラムの意味で使用しますので、ご了承願います。現在PACの地域センターの一つでもあるフランス国立図書館をFocal Point (国際センター) として、当館は世界にある6つの地域センターの一つとしてPACの活動を進めておりますが、今年でちょうど10周年を迎えました。

　当館は皆様も既にご存知のとおりわが国唯一の納本図書館であり、納入された資料を保存し利用に供していく義務がありますが、当館のみならず世界的にも人類の貴重な文化遺産を保存活動により護り、後世の人たちに継承していくことは今の世の私たちに課せられた重大な責務であることは言うまでもないことであります。

当館がPACのアジア地域センターとなった1980年代の初頭には酸性紙の劣化問題が国内でも取り上げられ、資料保存への関心が急速に高まってきて館内でも酸性紙対策班が設けられたり、「紙の劣化と図書館資料の保存」と題するシンポジウムが開かれた頃でもありました。

　このように急速に高まってきた資料保存の関心も従来からの単なる修復・製本から予防へと、更には保存と利用の両面からも捉えようと資料保存に対する意識の変革が次第に芽生えてきた頃でもあります。

　こうした保存に対する動きを受けて、IFLA/PAC コア・プログラムが発足した1986年に、当館の全館的な機構改革の一環として収集部に資料保存対策室が新設されました。この資料保存対策室長がPACアジア地域センター長となっております。また従来の資料修復部門の製本課が資料保存課と名称を変えました。資料保存対策室と資料保存課が協力しあって資料保存活動を遂行しております。

　いま少し資料保存対策室について述べたいと思いますが、室長のもとに職務上資料保存と関連のある職員18名が室員として兼務発令されており、運営、酸性紙、マイクロ、防災計画、ホームページ班の5班を設置し、日常業務の傍ら内外の資料保存活動を果たすとともにIFLA/PACのアジア地域センターとしての活動を行っています。

　また、資料保存対策室の活動に対してご意見を頂くために、図書館界、出版界、日本図書館協会資料保存委員会、その他資料保存の分野における有識者からなる図書館資料保存協力懇談会が組織されています。

2.　PACの目標と地域センターの役割

　PACの目標は、「あらゆる形態の図書館資料を利用可能な形でできる限り長期にわたって保存することを保証すること」であり、それには保存のための研究開発を促進し、資料保存関連の刊行物の作成等保存情報の普及を計り、保存に関する国際的、国家的基準の作成を促進するとともに、図書館の管理者、職員の教育は勿論、保存に関する技術者の教育と訓練を奨励且つ助成しながら、利用者を含

めた保存問題に関する意識も喚起していくことを主眼としています。地域センターとしての役割は、このPACの目標を円滑に遂行させるために、国際センターの計画をバックアップするとともに、自己の担当地域内における資料保存に関する広報に力を入れながらその援助活動を推進することにあります。

3. 「保存協力プログラム」の策定と活動

当館では以上述べたような地域センターの役割を推進するために、1990年にPACセンターの役割を具体化し、国内外の双方を視野に入れた長期的な保存プログラムをどのように進めていくかを検討し、当館独自の「保存協力プログラム」を策定し、より本格的な資料保存活動に取り組んできました。この保存協力プログラムの目的は、資料保存分野の情報の収集、技術援助等と国内外の図書館における保存活動の奨励、促進であります。

このプログラムは活動内容により、以下のように大きく三つに分けることができます。

1. 保存情報サービス
    ① 資料保存関連情報の収集、提供
    ② レファレンス・サービス
    ③ 保存問題に関する刊行物の作成・配付
2. 教育・広報プログラム
    ① シンポジウム、フォーラム等の開催
    ② 研修生の受け入れ、講師の派遣
    ③ 保存教育用視聴覚資料の貸出
    ④ 教育・広報用パンフレット、ポスター等の作成・配付
3. その他
    ① 全国的な保存活動の推進
    ② IFLA/PAC国際センター及び他の地域センターとの協力・連携

この保存協力プログラムは国内外の保存活動の両方を視野に入れて策定したものであると申しましたが、このシンポジウムのテーマが「アジアをつなぐネットワーク」でありますので、アジア地域センターとしての活動を中心にお話を進めさせて頂きたいと思います。

3-1. 保存情報サービス

　アジア地域センターの保存情報サービスとしては、年3回刊行されるPACの広報誌 *International Preservation News* (IPN) や国際センターから送付されるその他の出版物、例えば、「IFLA図書館資料の保護と取り扱いの原則」（IFLA *Principles for the Care and Handling of Library Materials*）やブルーシールド等のパンフレット類をオーストラリアのPACセンターと分担しアジア地域の国立図書館を中心に配付しています。

　また、地域センターの分担地域内の保存活動の促進と保存情報の交換状況など保存のニーズを国際センター長宛てに年2回報告しており、毎年IFLAの大会の際に開催されるPACセンター長会議においても報告が義務づけられています。1992年のIFLA東京大会では当時のジャン=マリー・アルヌーIFLA/PAC国際センター長（フランス国立図書館）はじめ各地域のセンター長をお招きし、PAC全体の活動目標に向かってのPACセンター長会議が開催されたのはまだ記憶に残るところであります。

　資料保存関連情報の収集としては、1992年にアジア地域14カ国、2地域、20機関を対象に資料保存に関する実態調査を行っています。これは地域内の国立図書館などにおける資料保存の実態と問題点を捉えることによって、PACの活動を遂行していく上での一助にしようとしたものであり、アジア・オセアニア地域のPACセンターとなったオーストラリア国立図書館との共同プロジェクトとして実施したものです。法定納本制度や国としての保存政策の有無、保存修復の体制、防災対策からIFLA/PACコア・プログラムについてまで110項目にわたる詳細な調査であり、調査時点からはちょっと時間が経ちましたが、保存活動全体の目的とするところはそんなに変化しているものではないと考えますし、これまで地域

センターの活動を行っていく上で十分に役立ってきております。調査結果は *CDNLAO Newsletter*（No.18, 1993.4）やPACの広報誌 *International Preservation News*（No.6, 1993.6）を通じて報告されています。

　もっとも新しい保存情報サービスは、アジア地域センターの活動情報を伝える英語版のホームページを1999年11月に開設したことであります。未だ完全なものではありませんが、ウェブサイトにより当センターの活動、アジアの状況が世界に向けて発信出来るようになったことは喜ばしい限りであり、今後一層の情報提供の充実を期したいと思っております。

3-2. 教育・広報プログラム

　保存協力プログラムの第二分野の教育・広報プログラムですが、本日の資料保存シンポジウムもその一つです。1990年から、資料保存の認識を高め社会的関心を喚起し保存対策における協力関係を促進するために、外国から一名以上の講師を迎えてその時々の関心の高いテーマを選んで、時には国際交流基金のご協力を得て開催してきました。しかしこのシンポジウムのテーマも日本国内の事情を優先して選定してきた傾向があり、また財源の問題もあって、どうしても日本人の参加者が中心であり、その意味では十分に国際的であったとは言えませんでした。

　しかしその中でも、1996年のIFLA/PACコア・プログラム設立10周年と同時に当館の資料保存対策室設置10周年を記念して、国際交流基金アジアセンターのご協力のもと、オーストラリア、インド、ベトナム、韓国、モンゴル、中国の各国立図書館、文書館から講師をお招きし開催した資料保存アジア・オセアニア地域国際シンポジウム「保存環境を整える－厳しい気候、各種災害から資料をいかに守るか－」はアジア地域に視点を置くものでした。その翌日に行った第2回資料保存ワークショップ「アジア地域における資料保存ネットワークの構築」とともにアジア地域の期待に応えるものであったと思います。

　今後このような催物を行うには、財源、言語、地理的距離の問題など解決しなければならない事が数多くあることはいうまでもありません。今回のシンポジウムのテーマはこのような問題を考える上では正に時を得たものであると思います。

今回でこのシンポジウムも10回目を迎えたわけですが、この10年を一区切りとして、今後は毎年でなく必要なテーマがある時に開催することにしたいと思います。アジアの地域センターとしては、次にお話することになりますが、これからアジア地域への実務的な研修（training）に力を入れていきたいと思っております。

教育・広報プログラムで重要なものとして研修生の受け入れ、講師の派遣があります。資料保存に関する基本的な認識と修復技術の向上を目的として、東南アジアを含めたアジア地域の国々を対象に保存の指導的立場にある人たちを中心に研修生として受け入れ、技術の研修を行ってきました。これは国際交流基金の文化財専門家を対象とした招聘フェローシップ事業によるなど、外部関連機関の要請により行っているものです。

日本の修復技術に対する関心と信頼はアジア地域のみならず、世界的にも大変高いものがあり、研修の希望も多く寄せられています。今までマレーシアの国立文書館をはじめ、オーストラリア、スリランカ、韓国、タイ、インドネシア、台湾、イギリスなどの図書館、公文書館などからの研修生を受け入れております。

また、講師派遣でありますが、アジア諸国の保存活動を援助するために、国際交流基金をはじめ諸機関のご協力のもと、専門知識や専門技術をもった職員を各国に派遣し、現地における資料保存の現状調査ならびに保存技術の指導や助言のため、また外国における保存技術の調査のためにこれまで当館職員をモンゴル、ミャンマー、イギリス、エジプト、インドネシア等の図書館、公文書館に派遣しております。

また、本年度は国際協力事業団青年海外協力隊からシリアとソロモン諸島への資料保存協力の派遣隊員各1名を受け入れ、短期間ではありましたが派遣前の基本的な技術研修を行いました。

アジア地域に限ってみても、保存対象としている資料はパームリーフから樹皮、布、皮、竹、石など多種多様であり、且つ気候条件も温帯、熱帯、砂漠地帯まであり、資料の劣化と保存、修復方法も異なってくるのは当然のことです。日本の修復・保存技術がアジア諸国の保存活動に少しでもお役にたてればと思い研修、

派遣活動を行ってきておりますが、今後は現地の実状にあった材料などを応用した保存技術の開発、研究にも取り組んでいく必要があると痛感しております。

3-3. 新刊資料のpH調査

当センターでは資料保存プログラムの一環として、1986年以来、毎年新刊書のpH測定調査を行っています。これは直接PACアジア地域センターの活動というわけではありませんが、資料保存に対する意識の向上と中性紙使用の奨励という意味ではPACの目標に沿っているものと考えております。最近の調査によると、中性紙使用率は民間の図書では80％を超えており、官庁出版物でも67％近くを示しています。逐次刊行物においては民間、官庁ともに60％を超えております。当館でも「中性紙使用のお願い」のパンフレットを作りPRに努めており、製紙業界、出版界、図書館界等の努力が実った結果であると評価しております。しかし、今のところISO(国際標準化機構) 9706のパーマネント・ペーパー基準のハードルに達するものは中性紙のなかでもあまり多くはないと思われます。

4. アジア地域への「保存協力プログラム」の今後の取り組み

当センターのアジア地域に向けた「保存協力プログラム」の今後の取り組みについて述べたいと思います。

まず保存情報サービスの分野におきましては、更なる保存情報の収集、提供と共有化の促進に尽くしていきたいと思います。今まで研修、講師の派遣が個々に行われ、また機関相互の協力のもとで行われていても、他の保存関係機関や保存関係者にとってはアジアに向けてどのような保存活動がおこなわれているか、誰が、何処で、どのように活動をしているのか、部分的には事後報告会などはありましたが、全体的には情報不足であったのは事実だと思います。また、各機関、各関係者がその活動報告を出しても、全て集約して一つにするという保存情報の共有化はなかなか困難なことでありました。

これからの保存活動にとっては、各機関、各関係者が行った、また行っている

活動の調査と実績、これからの計画等の入手、提供はいうまでもなく、全体的な保存情報の共有化が絶対不可欠であります。PACのアジア地域センターとして当館が保存情報の収集、提供、共有化のための要としての役割を果たしていかねばならないと思っています。

　当センターの資料保存活動を紹介する英語版のホームページをこの11月に開設したことは既にお話しました。この中身を一層充実させインターネット上での保存情報の提供の強化に努めていく所存です。ただ地域内各国の情報環境整備の状況を考えれば、未だ紙媒体のPRも必要ではあります。

　また、PACの広報誌 *International Preservation News* はじめ、*NDL Newsletter* や *CDLNAO Newsletter* などにも積極的に保存活動情報を紹介していこうと考えています。

　次いで、教育・広報プログラムにおいても、海外からの研修生の受け入れ、講師の派遣強化に努めようと考えています。前に述べました1992年のIFLA/PACセンターの活動の一環として行った図書館資料保存の実態調査においても、地域センターに対する要望の中で情報の提供とともに技術研修の要望が強く出されています。また当館の視察に来られたアジア諸国の図書館、文書館の代表者の方々との懇談においても研修の要望は強いものがあります。当館の修復部門を担当する資料保存課には和装本の修復、革製本、洋装本の製本をする三係がありますが、このような三つの体制が揃っているところは他にあまり例を見ないところであります。修復、製本技術の更なる向上とともに海外に向けてその技術を公開していく上からも、アジア地域に対しての定期的な研修生の受け入れ、職員の派遣等に積極的に取り組んでいきたいと考えております。

　しかしながら、これら研修生の受け入れ、講師の派遣のみならず、資料保存情報の収集、提供と共有化等、どれをとってみても一機関や個人の力だけでは困難を伴うものであり、自ずから力の限界があります。国内で保存活動に携わっておられる関係機関や関係者との全体的な協力関係を樹立することが先ず必要であり、そこで確立された協力ネットワークをより太く強力に拡大推進していくための調整役を当館は果たさねばならないと思っています。

先日も資料保存活動に関わっておられる基金、財団、大学の先生、公文書館や修復家の方々からなる保存協力に関する会合を当館で持ちましたが、その場においても保存情報の共有化、保存活動を進める上での中核組織の必要性、これまでの実績と現在と将来の保存計画などを全体で協議していく必要性があるとの意見が出ました。

　シンポジウムのところで申しましたが、本当にニーズに適った資料保存のシンポジウム、フォーラム、資料保存の責任者や実務者の国際会議などを計画、開催していかねばならないと思います。

　国際的な連携強力としては、UNESCOの「世界の記憶」プロジェクトへの協力があります。IFLAとICA（国際文書館評議会）との協議のもと修復可能な状態にある図書館資料や文書と文化遺産を守るため、現行の保存活動リスト作成のための世界的規模のアンケート調査に、IFLA/PACのアジア地域センターとして役割を担い協力しましたが、UNESCOのこのような活動の重要性をPACセンターとしても訴えるとともに、失われつつある世界遺産を守っていく活動にはこれからも積極的に協力していかねばならないと思います。

　また、IFLA/PACと同じくIFLAのコア・プログラムの一つであるUAP（出版物の世界的入手利用）とで行った、世界の主要な文化機関におけるデジタル化プロジェクトの調査にも協力をしましたが、最近その調査報告書（*IFLA/UNESCO Survey on Digitisation and Preservation*）を受け取ったばかりです。

　資料保存の領域においては、図書館資料も文書館資料も文化遺産としてその境界はありません。これからもPACとしてはICA、UAP等の国際機関との連携協力を密にしていかねばなりません。さらに同じアジア・オセアニア地域のPACセンターであるオーストラリア国立図書館との一層の協力が必要です。アジアの地域は広範で日本とオーストラリアの2つのセンターが情報交換を密にし、力を合わせてアジアのPAC活動を強力に推進していかねばならないことは言うまでもないことです。

5.　終わりに

　本日は「保存協力プログラム」の一側面、アジアのPACセンターとしての活動に視点を置きましたが、このプログラムのもう一つの側面である国内の保存協力も決して疎かに考えているわけではありません。「IFLA図書館資料の保護と取り扱いの原則」の翻訳も日本図書館協会のご協力により、2000年には刊行される予定です。第3回目となる資料保存研修や第13回目となるフォーラムの開催も予定しております。レファレンス・サービスの充実、国内の図書館、関係機関の研修会への講師の派遣や国内の諸機関からの研修生の受け入れ、技術講習にも今まで以上に取り組んでいくつもりです。

　日本語版のホームページも既に計画中ですし、一日も早く開設して国内の保存活動ネットワークの充実強化に努力していきたいと思います。

　これからの資料保存活動を更に充実させていくためは、本日のシンポジウムにご参加の皆様はじめ、図書館、文書館、博物館、その他の保存関連機関や関係者の方々のご協力が是非とも必要であります。これからもどうかよろしくご支援、ご協力を賜りますようお願いいたしまして私のお話を終わらせていただきます。

◆質疑応答◆

増田 勝彦(東京国立文化財研究所)

　PACプログラムとしていろいろな活動をしている計画に対する評価というのは、どのように行っているのでしょうか。例えば国際センターで評価のための調査団を派遣して評価報告書を出していらっしゃるのでしょうか。

マリー＝テレーズ・バーラモフ

　パリの国際センターには1人しかおりませんので、1人でもって全体の評価をするというわけには当然まいりません。したがって、各地域センター長からの報告を得て評価をしております。

小林 立明(国際交流基金アジアセンター)

　本日こういうすばらしい会を開催していただきまして、ありがとうございました。私自身、大変参考になりましたし、IFLA/PACアジア地域センターの今までの10年間の活動に対して本当に敬意を表したいと思います。

　国際交流基金アジアセンターの活動を簡単に紹介させていただきまして、その後で若干コメントを述べさせていただきます。国際交流基金アジアセンターは、先ほど安江さんからもご紹介がありましたけれども、1995年に設立されまして、基本的にはアジアにおける知的交流と文化振興という2つの活動を行っております。この文化振興ですけれども、実は非常に多岐にわたっておりまして、博物館支援でありますとか無形文化財の保存振興、それから歴史的都市の保存や建造物の保存などもやっております。その中の1つとしましてアジアにおける資料保存ということについても事業を行っております。具体的には、国立国会図書館の皆様や、あるいは本日の講師の坂本さんのご協力を得ながらということですけれども、モンゴル国立図書館における資料保存状況の調査でありますとか、あるいはミャンマーにおける古文書保存修復に関する調査、また

ベトナム、中国における文書資料の調査などを行いまして、こういった調査結果を踏まえて、人材養成や現地における貴重な文書のマイクロフィルム化等を支援しております。

　これが我々が中心としている事業です。これ以外に、例えばアジアにおける公文書館のネットワーク、EASTICA（国際文書館評議会東アジア地域部会）を対象として国際協力の方法に対する調査プロジェクトを支援したり、あるいは公文書館員のトレーニングのためのセンター設立というプロジェクトがございますが、この設立準備作業に対する支援、あるいはインド修復協会に対して貝多羅葉文献修復研修プロジェクトを支援するということを行っております。

　先ほど同僚のアラン・ファインスタインからもご紹介いたしましたけれども、2000年2月にアジアで、さまざまな基金、あるいは専門家が行っている文書の保存修復プロジェクトのノウハウを互いに交換いたしまして、今後どういう形で支援機関あるいは専門家間のネットワークを構築していくかという観点から、チェンマイ大学の図書館とSPAFA（東南アジア教育大臣機構考古学美術センター）と国際交流基金アジアセンターでシンポジウムを開催したいと考えております。以上が私どもの活動でございまして、5年間やってまいりました。

　国立国会図書館、IFLA/PACアジア地域センターに対して期待することは、先程米村さんの方からお話のあった今後の10年間の計画というのは大変すばらしいことと思いますし、今後ぜひ展開していただきたいと思います。その際に、日本は先進国であるからということで、協力するという観点を持たなければいけないわけですけれども、同時に自立的な発展ということが基本的に重要だと思いますので、支援のみならずネットワーク化というところをぜひ念頭に置いていただければと思います。

　それから、我々もよくネットワークという言葉を簡単に使いますが、これを本当に維持するのは大変なことですし、それぞれの国は、自分の国を見るだけで手いっぱいというのが現状だと思いますので、このネットワークを続けるためには、ぜひIFLA/PACアジア地域センターとして国立国会図書館の方にご尽力いただいて、ぜひとも情報の集約とか人材交流とか資金的なものも含めてで

すけれども、常設的なセンターとしてそのネットワークが維持強化されるように活動していただければと期待しております。

付属資料

IFLA/PAC アジア地域センターの
これまでの活動

◆資料保存シンポジウム◆

第1回　蔵書の危機とその対応　　　　　　　　　　　　　　　1990. 3. 28

　　基調講演「IFLA 保存コア・プログラムと保存の国際的動向」

　　　　メリリー・スミス（IFLA/PAC 国際センター長）

　　参考：国立国会図書館編『蔵書の危機とその対応』日本図書館協会.1991

　　　　第1回資料保存シンポジウム実行委員会「第一回資料保存シンポジウム－蔵書の危機とその対応－を終えて」（『国立国会図書館月報』No.352　1990.7　p.14-21）

　　　　小川千代子「地球の文化環境を守るために－第1回資料保存シンポジウムに参加して－」（『びぶろす』Vol.41　No.6(1990)　p.22-27）

第2回　新聞の保存と利用　　　　　　　　　　　　　　　　　1991. 3. 27

　　基調講演「新聞保存の国際的な動向」

　　　　ジャン・ライアル（オーストラリア国立図書館保存部長、IFLA/PAC アジア・オセアニア地域センター長）

　　参考：国立国会図書館編『新聞の保存と利用』日本図書館協会.1992

　　　　第2回資料保存シンポジウム実行委員会「『新聞の保存と利用』について考える－第2回資料保存シンポジウムから－」（『国立国会図書館月報』　No.364　1991.7　p.2-9）

　　　　小池一行「つかいすての雄『新聞』その保存と利用－第2回資料保存シンポジウムに参加して－」（「びぶろす」Vol.42　No.6(1991)　p.15-23）

第3回　保存のための協力－日本で、世界で－　　　　　　　　1992. 10. 26

　　基調講演「保存と協力－われわれは今どこにいるか－」

　　　　ジャン＝マリー・アルヌー（フランス国立図書館技術部長、IFLA/PAC 国際センター長）

参考：国立国会図書館編『保存のための協力－日本で、世界で－』日本図書館協会.1993

第3回資料保存シンポジウム実行委員会「保存のための協力－日本で、世界で－
－第3回資料保存シンポジウム報告－」（『国立国会図書館月報』No.383　1993.2
p.16-21）

第4回　資料保存とメディアの変換－マイクロフォーム化を中心に－

1993.10.25

基調講演　「保存方法としてのマイクロフィルム化」

　　　ヴァレリー・フェリス（英国図書館全国資料保存対策室長）

参考：国立国会図書館編『資料保存とメディアの変換－マイクロフォーム化を中心に－』
日本図書館協会.1994

第4回資料保存シンポジウム実行委員会「資料保存とメディアの変換－マイクロ
フォーム化を中心に－－第4回資料保存シンポジウム報告－」（『国立国会図書館
月報』No.397　1994.4　p.16-21）

第5回　図書館資料の共同保存をめぐって－現状と展望－

1994.11.21

基調講演　「CRLの国際的共同保存プログラム」

　　　ドナルド・B・シンプソン（CRL会長）

参考：国立国会図書館編『図書館資料の共同保存をめぐって－現状と展望－』日本図書館
協会.1995

第5回資料保存シンポジウム実行委員会「図書館資料の共同保存をめぐって－現
状と展望－－第5回資料保存シンポジウム報告－」（『国立国会図書館月報』
No.409　1995.4　p.16-21）

風間茂彦「第五回資料保存シンポジウムを終えて　二つの『保存』の　狭間で」（『び
ぶろす』Vol.46　No.3 (1995)　p.17-28）

青木利根男「第五回資料保存シンポジウムを終えて　残された政策課題 －ネッ
トワークの成長に向けて－」（『びぶろす』Vol.46　No.3 (1995) p.18-20）

第6回　コンサベーションの現在－資料保存修復技術をいかに活用するか－

1995.11.20

基調講演　「ロシアにおける保存修復とその歴史」

　　　オリガ・ペルミノワ（ロシア国立図書館資料保存修復研究センター長）

参考：国立国会図書館編『コンサベーションの現在』日本図書館協会.1996

「コンサベーションの現在－資料保存修復技術をいかに活用するか－第6回資料保存シンポジウム報告」(『国立国会図書館月報』No.419　1996.2　p.12-17)
小山勲「日本とロシアの保存技術者交流〈感想〉－第6回資料保存シンポジウム」(『びぶろす』Vol.47　No.4(1996)　p.21-23)
岩佐直人「さまざまな技術を実用例で知る」(『びぶろす』Vol.47 No.4(1996) p.24)
島田達生「古い伝統の上に新技術をみる」(『びぶろす』Vol.47 No.4(1996) p.25)

第7回　保存環境を整える－厳しい気候・各種災害から資料をいかに守るか－
1996.11.18

基調講演「全国的・国際的保存情報ネットワーク構築における災害対策計画の役割」
　　　　ジャン・ライアル（オーストラリア国立図書館全国資料保存対策室長、IFLA/PACアジア・オセアニア地域センター長）
　他　D.Nバネルジー（インド国立図書館長）
　　　李秀恩（韓国国立図書館閲覧奉仕課）
　　　辜軍（中国国家図書館保存担当官）
　　　グエン・ティ・タム（ベトナム国立公文書館中央業務管理課課長補佐）
　　　ガンジャブ・ガンスフ（モンゴル国立中央図書館貴重書展示担当官）
　　　見城敏子（東京国立文化財研究所名誉研究員）
参考：国立国会図書館編『保存環境を整える』日本図書館協会.1997
「第7回資料保存シンポジウム：資料保存アジア・オセアニア地域国際シンポジウム報告　保存環境を整える－厳しい気候・各種災害から資料をいかに守るか－」(『国立国会図書館月報』No.434　1997.5 p.13-19)

第8回　紙！未来に遺す
1998.3.9

基調講演「パーマネントペーパー－その問題点と将来性－」
　　　　ロルフ・ダーロ（ノルウェー王立図書館サービス研究所副所長、ISO/TC46/SC10委員長）
参考：国立国会図書館編『紙！未来に遺す』日本図書館協会.1998
「『紙！未来に遺す』－第8回資料保存シンポジウム報告」(『国立国会図書館月報』No.449　1998.8　p.26-30)

第9回　電子情報の保存－今われわれが考えるべきこと－　　　1998.11.24
　　基調講演「オーストラリアにおける電子情報の保存－今何を考えているか－」
　　　　　　　　コリン・ウェッブ（オーストラリア国立図書館情報保存管理監）
　　参考：国立国会図書館編『電子情報の保存』日本図書館協会.1999
　　　　「第9回資料保存シンポジウム報告『電子情報の保存－今われわれが考えるべき
　　　　こと－』」（『国立国会図書館月報』No.460 1999.7　p.2-8）

第10回　アジアをつなぐネットワーク－資料保存のこれから－　　　1999.11.8
　　基調講演「国際センターから見た保存協力活動－地域センターに期待すること
　　　　－」
　　　　　　マリー＝テレーズ・バーラモフ(IFLA/PAC国際センター長, フランス
　　　　　　国立図書館）
　　参考：「第10回資料保存シンポジウム報告『アジアをつなぐネットワーク－資料保存のこ
　　　　れから』」（『国立国会図書館月報』No.467 2000.2　p.2-7）

◆保存フォーラム◆

第1回「紙の劣化と脱酸の効果について」　　　　　　　　　　1990.12.14
　　　　大江礼三郎（東京農工大学名誉教授）
第2回「新しい大量保存システム－米国FMC社の脱酸・紙強化法－」　1991.2.13
　　　　ロバート・ウェディンジャー（米国FMC社）
第3回「大量脱酸技術の新しい展開－米国議会図書館からの報告－」　1991.9.25
　　　　ドナルド・シベラ（LC保存研究室長）
　　　　ゲリー・ギャーベイ（LC大量脱酸プログラム責任者）
第4回「マイクロフィルムの保管、保存」　　　　　　　　　　1992.1.24
　　　　岩野治彦（富士写真フィルム株式会社足柄研究所部長）
第5回「資料保存－これまでの課題、これからの課題－」　　　1992.3.26
　　　　ニコラス・バーカー（英国図書館）
第6回「大量脱酸法－ Wei T'o 法について－」　　　　　　　　1993.3.12

リチャード・スミス（Wei T'o Associates,Inc 社長,
　　　Wei T'o Canada,Inc 社長）

第7回「大量脱酸処理システムの今－世界の図書館から－」　　　1994. 3. 18
　　　大江礼三郎（東京農工大学名誉教授）

第8回「貴重書のための書庫環境について」　　　1994. 6. 13
　　　見城敏子（日本文化財環境研究所室長）

第9回「インドネシア及びスリランカの資料保存活動について
　　　－両国立図書館を中心に－」　　　1996. 3. 7
　　　N・ガラゲデラデ（スリランカ国立図書館資料保存課長）
　　　ガルジート（インドネシア国立図書館納本保存センター手稿本整備課長）

第10回「再生紙の利用と資料保存」　　　1997. 3. 17
　　　岡山隆之（東京農工大学助教授）
　参考：村本聡子「再生紙の利用と資料保存　第10回 国立国会図書館保存フォーラム」
　　（『びぶろす』Vol.48　No.6 (1997)　p.18-21）

第11回「もしもの時に何で消す？－図書館・文書館における消火設備－」
　　　　　　　　　　　　　　　　　　　　　　　　　　　　1998. 9. 9
　　　斉藤直（消防庁消防研究所）
　　　木野修造（木野建築設計事務所）
　参考：「第10回国立国会図書館保存フォーラム報告
　　　もしもの時に何で消す？－図書館・文書館における消火設備－」
　　（『国立国会図書館月報』No.453　1998.12　p.24-27）

第12回「オーストラリア国立図書館における保存管理－課題と将来展望－」
　　　　　　　　　　　　　　　　　　　　　　　　　　　　1998. 11. 25
　　　コリン・ウェッブ（オーストラリア国立図書館情報管理監）

第13回「防災計画をつくる－具体化のためのノウハウとは－」　　　2000. 3. 13
　　　小川雄二郎（アジア防災センター所長）
　参考：「防災計画をつくる－具体化のためのノウハウとは－」
　　（『国立国会図書館月報』No.472　2000.7　p.18-19）

◆ワークショップ◆

第1回「古地図とその修復」　　　　　　　　　　　　　1995.11.21
　　　オリガ・ペルミノワ（ロシア国立図書館資料保存修復研究センター長）
第2回「アジア地域における資料保存ネットワークの構築を考える」1996.11.19
　　　小泉徹（IFLA保存分科会常任委員）
　　　島村隆夫（国立国会図書館資料保存対策室長、IFLA/PACアジア地域センター長）
　　　蛭田廣一（日本図書館協会資料保存委員会委員長）
　　　小川千代子（国際資料研究所代表）
　　　ジャン・ライアル（オーストラリア国立図書館全国資料保存対策室長、IFLA/PACアジア・オセアニア地域センター長）
　　　D.N.バネルジー（インド国立図書館館長）
　　　李秀恩（韓国国立図書館閲覧奉仕課）
　　　辜軍（中国国家図書館保存担当官）
　　　グエン・ティ・タム（ベトナム国立公文書館中央業務管理課課長補佐）
　　　ガンジャブ・ガンスフ（モンゴル国立中央図書館貴重書展示担当官）
　　参考：「国立国会図書館第2回資料保存ワークショップ報告　『アジア地域における資料保存ネットワークの構築を考える』」（『国立国会図書館月報』No.435　1997.6　p.18-22）

◆保存協力活動－受入◆

モハメッド・ラザリ・ビン・モハメッド・ザイン（マレーシア国立公文書館文化財修復専門官）　　　　　　　　　　　　　　　　　1990.12.15-91.3.15
　　参考：モハメッド・ラザリ・ビン・モハメッド・ザイン
　　　　「サヨウナラ、マタアイマショウ－三か月の保存研修を終えて－」（『国立国会図書館月報』No.361　1991.4　p.18-20）

ジャン・ライアル(オーストラリア国立図書館保存部長、IFLA/PACアジア・オセアニア地域センター長)　　　　　　　　　　　　　　　　1991. 2. 4-3. 29
　　参考：ジャン・ライアル×安江明夫（対談）「オーストラリア国立図書館の資料保存活動
　　　　　－同館保存部長のジャン・ライアル氏に聞く－」（『国立国会図書館月報』No.362
　　　　　1991.5　p.2-9）

ピンヤ・スウォナチャイ（タイ・サイアムソサイエティ図書館長）1992. 6. 1-7. 31
　　参考：ピンヤ・スウォナチャイ「資料保存事始－日本での保存研修を終えて」（『国立国会
　　　　　図書館月報』No.381　1992.12　p.15-17）

山崎晶子（イギリス・カンバーウェル美術大学保存科学部修士学部学生）
　　　　　　　　　　　　　　　　　　　　　　　　　　　　1993. 9. 1-9. 30
　　参考：山崎晶子「イギリスの修復、日本の修復－資料保存課での研修を終えて」（『国立国
　　　　　会図書館月報』No.394　1994.1　p.24-26）

N・ガラゲデラゲ（スリランカ国立図書館資料保存課長）　　1996. 2. 26-3. 8
　　参考：N・ガラデゲラデ「研修成果とその報告」（『国立国会図書館月報』No.426　1996.9
　　　　　p.11-13）

ガルジート（インドネシア国立図書館納本保存センター手稿本整備課長）
　　　　　　　　　　　　　　　　　　　　　　　　　　　　1996. 2. 26-3. 8
　　参考：ガルジート「研修の成果とインドネシア国立図書館」（『国立国会図書館月報』
　　　　　No.426　1996.9　p.13-17）

廬賢子・馬乙順（韓国国会図書館）　　　　　　　　　　　1996. 11. 19-22
周菊香・劉清音（台湾省文献委員会）　　　　　　　　　　1997. 1. 13-31
トレーシー・クローチャー（イギリス・保存修復家）　　　1998. 8. 24-9. 18

◆保存協力活動－派遣◆

インドネシア国立図書館（安江明夫・久芳正和）　　1991. 12. 2-12. 14（安江）
　　　　　　　　　　　　　　　　　　　　　　　　1991. 12. 2-92. 3. 1（久芳）
　　参考：久芳正和「資料保存のための国際技術援助－インドネシア国立図書館にて－」（『国
　　　　　立国会図書館月報』No.375　1992.6　p.2-9）

オックスフォード大学ボドリアン図書館（大山清二）　　　　1992. 9. 24-12. 23
　　参考：大山清二「日本の古典籍を修補する－オックスフォード大学ボドリアン図書館にて－」
　　　　（『国立国会図書館月報』No.386　1993.5　p.18-22）
ソロ王宮図書館（丸沢勝利）　　　　　　　　　　　　　　　1994. 1. 10-3. 11
　　参考：丸沢勝利「ソロ王宮図書館での資料保存と修復に携わって」（『国立国会図書館月
　　　　報』No.402　1994.9　p.17-19）
モンゴル国立中央図書館（金子富安・山田正広）　　　　　　1996. 2. 27-3. 14
エジプト国立図書・公文書館（小林輝男・西薗一男）　　　　1996. 11. 29-12. 21
　　参考：小林輝男「エジプト国立図書・公文書館に派遣されて－資料保存の技術協力者とし
　　　　て－」（『国立国会図書館月報』No.433　1997.4　p.12-15）
　　　　西薗一男「エジプト国立図書・公文書館の資料保存の現状」（『国立国会図書館月
　　　　報』No.433　1997.4　p.16-17）
　　　　小林輝男・西薗一男「和紙を携えてパピルスの国へ」（『びぶろす』VOL.48
　　　　No.6(1997)　p.16-17）
ミャンマー（菅原英雄）　　　　　　　　　　　　　　　　　1997. 7. 6-7. 17

◆資料保存研修◆

第1回資料保存研修　　　　　　　　　　　　　　　　　　　1997. 11. 26
　　参考：「第1回資料保存研修の概要」（『国立国会図書館月報』No.442　1998.1　p.28-29）
第2回資料保存研修　　　　　　　　　　　　　　　　　　　1999. 3. 1
　　参考：「第2回資料保存研修の概要」（『国立国会図書館月報』No.458　1999.5　p.28-29）
第3回資料保存研修　　　　　　　　　　　　　　　　　　　2000. 2. 14
　　参考：「第3回資料保存研修の概要」（『国立国会図書館月報』No.468　2000.3　p.20-24）

◆調査活動◆

図書館資料保存の実態調査：国内編　　　　　　　　　　　　1992
　　　　対象－186館

参考:「図書館資料保存の実態調査報告－国内編－」(『国立国会図書館月報』No.389　1993.8　p.15-19)

図書館資料保存の実態調査:アジア編　　　　　　　　　　　　　1992
　　対象－アジア地域14ヶ国、20機関
　参考:「図書館資料保存の実態調査報告－アジア編－」(『国立国会図書館月報』No.391,1993.10　p.14-17)

ユネスコ『世界の記憶』プログラム・アンケート　　　　　　　　1995
　　対象－国内300館、アジア地域国立図書館15館
　参考:資料保存対策室「ユネスコ『世界の記憶』プログラム・アンケート結果報告－日本国内の図書館における資料保存活動－」(『国立国会図書館月報』No.433　1997.4　p.2-10)

◆pH調査◆

第1回pH値測定　　　　　　　　　　　　　　　　　　　　　　1986.8
　参考:「受入新刊図書のpH値調査結果について」(『国立国会図書館月報』No.307　1986.10　p.12-13)

第2回pH値測定　　　　　　　　　　　　　　　　　　　　　　1987.8
　参考:「受入新刊図書のpH値調査結果について－第2回－」(『国立国会図書館月報』No.320　1987.11　p.26-27)

第3回pH値測定　　　　　　　　　　　　　　　　　　　　　　1988.8
　参考:「受入新刊図書のpH値調査結果について－第3回－」(『国立国会図書館月報』No.332　1988.11　p.20-21)

第4回pH値測定　　　　　　　　　　　　　　　　　　　　　　1989.9
　参考:「受入新刊図書のpH値調査結果について－第4回－」(『国立国会図書館月報』No.345　1989.12　p.16-17)

第5回pH値測定　　　　　　　　　　　　　　　　　　　　　1990.9-10
　参考:「中性紙図書、7割に－新刊図書のpH値測定結果報告(第5回)－」(『国立国会図書館月報』No.357　1990.12　p.16-17)

第 6 回 pH 値測定　　　　　　　　　　　　　　　　　　　　　　1991. 9
　　参考：「中性紙図書比率、約七割で変わらず－新刊図書のpH値測定結果報告（第6回）－」
　　　　（『国立国会図書館月報』No.369　1991.12　p.16-17）
第 7 回 pH 値測定　　　　　　　　　　　　　　　　　　　　　　1992. 8
　　参考：「中性紙の普及を目指して－新刊図書のpH値測定結果報告（第7回）－」（『国立
　　　　国会図書館月報』No.388　1993.7　p.20-21）
第 8 回 pH 値測定　　　　　　　　　　　　　　　　　　　　　　1993. 9
　　参考：「中性紙図書の普及率は「民高官低」？－新刊図書のpH値測定結果報告（第8回）－」
　　　　（『国立国会図書館月報』No.395　1994.2　p.18-19）
第 9 回 pH 値測定　　　　　　　　　　　　　　　　　　　　　　1994. 8
　　参考：「選ぶなら中性紙、残すなら中性紙！新刊図書のpH値測定結果報告（第9回）」
　　　　（『国立国会図書館月報』No.407,1995.2　p.22-23）
第 10 回 pH 値測定　　　　　　　　　　　　　　　　　　　　　1995. 8-9
　　参考：「10年越しの「カミだのみ」＝新刊図書のpH値測定結果報告＝」（『国立国会図書
　　　　館月報』No.420　1996.3　p.10-15）
第 11 回 pH 値測定　　　　　　　　　　　　　　　　　　　　　1996. 9
　　参考：「『中性紙使用』は官庁・地方自治体刊行物が課題－第11回新刊図書pH値測定結果
　　　　報告－」（『国立国会図書館月報』No.432　1997.3　p.7-10）
第 12 回 pH 調査　　　　　　　　　　　　　　　　　　　　　　1997. 8
　　参考：「官庁刊行物の中性紙使用率も上げ潮－第12回新刊資料pH調査結果報告－」（『国
　　　　立国会図書館月報』No.444　1998.3　p.9-11）
第 13 回 pH 調査　　　　　　　　　　　　　　　　　　　　　　1998. 9
　　参考：「官庁刊行物にも中性紙の更なる使用を－第13回新刊資料pH調査結果報告－」
　　　　（『国立国会図書館月報』No.456　1999.3　p.32-34）
第 14 回 pH 調査　　　　　　　　　　　　　　　　　　　　　　1999. 9
　　参考：「資料を永く遺すため中性紙での出版を－第14回新刊資料pH調査結果報告－」
　　　　（『国立国会図書館月報』No.467　2000.2　p.8-12）

視覚障害その他の理由で活字のままでこの本を利用できない人のために，営利を目的とする場合を除き「録音図書」「拡大写本」等の製作をすることを認めます。その際は著作権者，または，日本図書館協会までご連絡ください。

EYE LOVE EYE

資料保存シンポジウム・10

アジアをつなぐネットワーク 保存協力のこれから

―第10回資料保存シンポジウム講演集―

2000年10月20日　初版第1刷発行Ⓒ　定価：本体1300円
（税別）

編者　　国立国会図書館

発行　　社団法人　日本図書館協会
　　　　東京都中央区新川1-11-14
　　　　〒104-0033　Tel.03-3523-0811

印刷　　株式会社ワープ

JLA200030　　　　　　　　　　Printed in Japan
ISBN 4-8204-0023-1 C3300 ¥1300E
　　　　本文の用紙は中性紙を使用しています。